高校现代健美操教学的创新研究

张 晓 著

北京工业大学出版社

图书在版编目（CIP）数据

高校现代健美操教学的创新研究 / 张晓著． — 北京：北京工业大学出版社，2022.3
　　ISBN 978-7-5639-8293-6

　　Ⅰ．①高… Ⅱ．①张… Ⅲ．①健美操－教学研究－高等学校 Ⅳ．① G831.32

中国版本图书馆 CIP 数据核字（2022）第 048529 号

高校现代健美操教学的创新研究
GAOXIAO XIANDAI JIANMEICAO JIAOXUE DE CHUANGXIN YANJIU

著　　者：	张　晓
责任编辑：	吴秋明
封面设计：	知更壹点
出版发行：	北京工业大学出版社
	（北京市朝阳区平乐园 100 号　邮编：100124）
	010-67391722（传真）　　bgdcbs@sina.com
经销单位：	全国各地新华书店
承印单位：	唐山市铭诚印刷有限公司
开　　本：	710 毫米 ×1000 毫米　1/16
印　　张：	10.75
字　　数：	215 千字
版　　次：	2023 年 4 月第 1 版
印　　次：	2023 年 4 月第 1 次印刷
标准书号：	ISBN 978-7-5639-8293-6
定　　价：	72.00 元

版权所有　　翻印必究

（如发现印装质量问题，请寄本社发行部调换 010-67391106）

作者简介

张晓，女，1988年2月出生，湖北武汉人，毕业于武汉体育学院，硕士学历，现任武汉商学院教师，健美操、体操国家一级运动员，啦啦操国际级裁判。研究方向：运动训练、体育教育。

前　言

健美操是一项有益于身心健康的运动，不仅能够促进个体身体健康，塑造完美体型，而且有利于个体增强自信心及提高创新能力。健美操作为深受大学生喜爱的体育项目，也是各大高校体育的必修课，受到人们广泛关注。如何对现代健美操教学进行优化创新，成为当下健美操教学亟须解决的问题。

全书共七章。第一章为健美操概述，主要阐述了健美操的起源、发展与功能，健美操的分类与特点以及高校开展健美操教学的意义；第二章为高校健美操教学的现状与发展趋势，主要阐述了高校健美操教学的现状和高校健美操教学的发展趋势；第三章为高校健美操教学的基本理论，主要阐述了高校健美操教学的内容与任务、高校健美操教学的原则与方法以及高校健美操教学课程的组织与实施；第四章为高校健身健美操的教学与创新，主要阐述了高校健身健美操运动技能训练与教学指导和高校健身健美操的创新发展；第五章为高校竞技健美操的教学与创新，主要阐述了高校竞技健美操运动技能训练与教学指导和高校竞技健美操的创新发展；第六章为高校时尚健美操的教学与创新，主要阐述了高校时尚健美操运动技能训练与教学指导和高校时尚健美操的创新发展；第七章为高校现代健美操教学的创新与优化策略，主要阐述了现代健美操教学的新思想与新理念、高校现代健美操教学中的音乐运用以及高校现代健美操教学中的信息技术应用、高校现代健美操课程教学效果的提升策略。

为了确保研究内容的丰富性和多样性，笔者在写作过程中参考了大量理论与研究文献，在此向涉及的专家学者表示衷心的感谢。

最后，限于笔者水平，本书难免存在一些不足，在此恳请各位同人和读者批评指正！

目 录

第一章 健美操概述 ·· 1
 第一节 健美操的起源、发展与功能 ·· 1
 第二节 健美操的分类与特点 ··· 7
 第三节 高校开展健美操教学的意义 ··· 16

第二章 高校健美操教学的现状与发展趋势 ······································ 18
 第一节 高校健美操教学的现状 ·· 18
 第二节 高校健美操教学的发展趋势 ··· 22

第三章 高校健美操教学的基本理论 ·· 39
 第一节 高校健美操教学的内容与任务 ··· 39
 第二节 高校健美操教学的原则与方法 ··· 47
 第三节 高校健美操教学课程的组织与实施 ································· 76

第四章 高校健身健美操的教学与创新 ·· 80
 第一节 高校健身健美操运动技能训练与教学指导 ····················· 80
 第二节 高校健身健美操的创新发展 ··· 90

第五章 高校竞技健美操的教学与创新 ·· 97
 第一节 高校竞技健美操运动技能训练与教学指导 ····················· 97
 第二节 高校竞技健美操的创新发展 ··· 112

第六章 高校时尚健美操的教学与创新 ·· 114
 第一节 高校时尚健美操运动技能训练与教学指导 ··················· 114
 第二节 高校时尚健美操的创新发展 ··· 133

第七章　高校现代健美操教学的创新与优化策略……………………136
　第一节　现代健美操教学的新思想与新理念…………………………136
　第二节　高校现代健美操教学中的音乐运用…………………………147
　第三节　高校现代健美操教学中的信息技术应用……………………149
　第四节　高校现代健美操课程教学效果的提升策略…………………155

参考文献………………………………………………………………………162

第一章 健美操概述

本章分为健美操的起源、发展与功能，健美操的分类与特点，高校开展健美操教学的意义三部分。

第一节 健美操的起源、发展与功能

一、健美操的起源与发展

健美操的起源可追溯到两千多年前。古希腊人对人体健美的崇尚，在世界上是少见的。古希腊人喜欢赤身裸体，全身涂上橄榄油，在烈日下锻炼和炫耀自己健美的身体。古希腊人认为，在世间万物中，唯有健美赤裸的人体才是最匀称、最和谐、最庄重、最有生气和最完美的。他们把炫耀赤裸的健美人体看作慰藉神明的至高无上的典雅活动。因此，古代奥运会上"裸体运动"曾风行一时。古希腊人喜欢通过跑、跳、投掷、柔软体操和健美舞蹈等方式进行锻炼，同时，他们提出了"体操锻炼身体，音乐陶冶精神"的主张。

古印度曾流行一种瑜伽术，这种瑜伽术把姿势、呼吸和意念紧密结合起来，通过调身（摆正姿势）、调息（调整呼吸）、调心（意守丹田入静），运用意识对肌体进行调节，达到健美身心、延年益寿的目的。瑜伽术包括站、立、跪、坐、卧、弓步等各种姿势，这些姿势与当前世界流行的健美操的姿势基本一致。可见，古代人对健身健美的追求是现代健美操形成与发展的基础。

欧洲文艺复兴时期，被人们遗忘的古希腊、古罗马等古典文化得到重新振兴，人体美受到了格外重视。当时人文主义猛烈抨击禁欲主义，提出"灵肉一致"观，歌颂人体均衡发展的健康美，由此促进了体操的发展。这时的体操运动中开始使用新器械，如木马、跳桌、跳板等，多用于贵族学校。这对后来的体操发展产生了积极的影响。

1569年，意大利医生墨库里奥斯出版的六卷《体操艺术》中，详细论述了各种形式的体操动作。18世纪德国著名体育活动家艾泽伦不仅开设了培训体育师资的课程，而且创造了哑铃、吊环等运动。欧洲著名体操倡导者维特采用游戏和娱乐的形式推广体操，提高了体操的趣味性。这些形式的锻炼，既是现代体操的雏形，又是现代健美操的起源。"体操之父"约翰·古茨·穆尔在他的著作中指出："体操应能使人感到愉快，体操练习应能使人得到全面发展。"这一思想不仅被许多国家认可，而且对体操的发展产生了深远的影响。

19世纪，先后在法国、德国、瑞典、丹麦、捷克等国家出现了各种体操流派。德国人斯皮特具有音乐天赋，他把体操从社会引入学校并为体操动作配上音乐，使体操在音乐伴奏下进行。瑞典体操学派创始人佩尔·亨里克·林把解剖学、生理学的有关知识运用到体操中，强调身体各部位及身心应协调发展，主张培养健美体态。丹麦体操家布克创造了"基本体操"，他把体操动作分为若干类，并编成适合不同性别、不同年龄的各种体操。德国、瑞典、丹麦体操体系的形成和发展为现代健美操在理论和实践两方面奠定了坚实的基础。有人提出，健美操是在"基本体操"的基础上发展起来的，因此说健美操是体操的一个分支不无道理。

弗朗索瓦·德尔沙特为了帮助演员在表演中姿态自然、举止仪表富有表现力，在法国建立了德尔沙特体系。他赋予了体操动作两个新的特征：美感和富于表情。由于德尔沙特体系重视优美和均衡，对发展健美形体作用较大，所以在19世纪末，这一体系在女子体操中非常流行。美国的热纳维芙·斯特宾斯女士综合德尔沙特体系和瑞典体操学派佩尔·亨里克·林的体系，建立了一套自己的健美操体系，目的是使身体训练成为一种可以表达优美艺术的有效工具。她的观点和方法，对欧洲现代健美操的发展产生了巨大影响。

瑞士教育家埃米尔·雅克-达尔克罗兹编创了一种描述肌肉活动与音乐伴奏相结合的音乐体操。他所设计的成套动作是通过自然的身体活动来培养学生的音乐感和节奏感。埃丽·布若尔克斯登是赫尔辛基大学的一位体操教师，她的体操宗旨是："不限于提供身体练习，而应该把人的思想、躯体和精神从紧张和压抑的状态中解放出来，培养和谐的个性。"

从上述各种体操流派的教育思想、教学方法和动作技术上不难看出，体操与现代健美操有着不可分割的联系，即注重人的身体健康和姿态优美，注重自然的全身动作，注重动作节奏的流畅性。这正是现代健美操发展的初级阶段。

事实上，现代健美操在20世纪70年代初期就萌发了。美国空军运动研究室的库珀博士于1968年创造了"有氧操"。有氧操是他为美国士兵和NASA（美国国家航空航天局）宇航员制订的一项身体锻炼计划，一经推出，立刻被广泛接受并实践。美国人杰姬·索伦森在1969年编创了一套结合了体操和现代舞蹈的健美操，被称为"健身舞"，在美国风靡一时。真正将现代健美操运动普及全球的，当属美国著名影星、女子健美运动的积极倡导者简·方达。简·方达为了保持苗条的体型，尝试了许多减肥方法，如节食、服用减肥药等，对身体造成了极大的伤害。这些失败的经历让她认识到"健康的美才是真正的美、持久的美"，并从此走上了体育锻炼的道路，通过健美操来保持身体健康和体态苗条。为了向人们介绍健康的减肥方法，她根据自己通过健身操锻炼获得健美形体的成功体验，撰写了《简·方达健身术》一书，以自己的名声和现身说法提倡健美操运动。该书于1981年在美国首次出版，畅销不衰，被翻译成20多种文字，在30多个国家发行，在全球引起轰动。这位好莱坞影星、现代健美操专家已成为20世纪80年代健美操的杰出代表。在她的感召和影响下，健美操在世界各地迅速兴起，风靡全球。1984年9月，美国《新闻周刊》在《遍及全球的健身热》一文中报道："美国人开始热衷于跑步和到蒸汽健身房去锻炼身体，而且认为那种会使人满身大汗的激烈运动很有趣。"

1985年，美国首次举办一年一度的阿洛别克健美操锦标赛，使健美操逐渐发展成为竞技性运动。来自全美各地的体型优美的男女健美操运动员，以极大的热情和充沛的精力，在5平方米的场地上表演动作造型美观、变化多样、流畅舒展的男女单人、混合双人、女子三人的成套健美操，受到观众的热烈欢迎。每套健美操都包括俯卧撑4次、仰卧起坐4次、高踢腿4次、5秒连续原地跳4类规定动作，另外还有大量的徒手操动作、现代舞和民间舞蹈动作以及简单的技巧性动作，如前滚翻、鱼跃软翻、后软翻、劈叉等。动作设计绝大多数是对称的，有前有后，有左有右，设计巧妙，造型美观。运动员在每分钟144～156拍的快节奏音乐伴奏下表演健美操，充分显示了运动员的青春活力。近年来，美国以健身、健美为主要目的的健美操和以竞技比赛为主要目的的竞技健美操，一直处于世界领先地位，为世界健美操的发展做出了重要贡献。

健美操在欧洲也很普及。1984年，我国《世界体育参考》报道，法国做健美操的人数已达400万人，仅巴黎就有1000多个健美操中心，每个星期日上午10点会有500万法国人挪动家具，卷起地毯，随着电视中领操员的口令做1小时健美操。在意大利罗马有40处健美操场所，每天做操的人从早到晚从不间断。在西班牙，比较受人们喜爱的是健美操和爵士操，1983年最受欢迎的电视节目是年轻的健美操教师埃娃·纳雷主持的《健与美》，当时有成千上万的西班牙人在电视旁学健美操。俄罗斯则把健美操列入大、中、小学的体育教学大纲，并多次举办全国性教练员培训班，定期在电视台向广大健美操爱好者教授健美操。波兰、保加利亚等欧洲国家的健美操也相当普及。

亚洲健美操的发展也是如火如荼。早在1982年10月3日，日本"国民体育大会"上，就有420名50岁以上老人表演了健身体操。1984年，首届远东健美操大赛在日本举行。1987年，日本倡导以跳健美操的方式消除体内多余的脂肪。同年，日本成立了健美操协会。菲律宾、新加坡以及韩国也建有许多健美操活动中心及健身俱乐部，健美操迅速兴盛起来。

从西方到东方，健美操作为健与美的体育项目，受到越来越多的人青睐，人们都开始将健美操作为自己的主要健身方式，由此形成了世界范围内的"健美操热"。

二、我国健美操的发展

健美操于20世纪80年代中期传入中国，其定义随着时代的发展和人们的认识不断改进。2004年李沛、马鸿韬、孟宪君等学者在关于健美操的研究中，认为健美操的概念为：在音乐伴奏下，通过身体练习的基本手段，保持身体姿态的标准，身体进行节奏性弹动，提升身体协调力，达到强健身心的一门体育学科。

节奏操、有氧舞蹈、韵律体操等都是人们给健美操起的名称。健美操是基于体操的根本理念，糅合音乐的节奏，且创造性极强的一种运动类型，这是被冠为韵律操的创始人、著名的瑞典现代体操家米克曼为韵律操下的定义。20世纪70年代末"健美操热"进入中国，追求人体健与美的"健美操"一词迅速吸引了我国广大体育工作者的关注。随着健美操的不断发展，人们对健美操的认识和理解不尽相同，有关健美操的概念一直被赋予新的内涵和时代特征。20世纪90年代，有学者认为健美操在音乐伴奏下把体操和舞蹈中简单而具有某种特色的动作汇聚创编成操，是一种追求人体健与美的锻炼手段。通过对健美操的起源及发展过程的追溯，李宗香、冷显志在《健美操概念的再界定》中对健美操的概念进行了科学的定义：健美操是在动感音乐伴奏下将体育项目动作或舞蹈动作操化了的动作，是富有弹性的有氧体育运动。综上所述，健美操作为有氧运动，不仅是一项体育项目，而且是一门体育学科，是在音乐伴奏下，融合多个舞种经过再加工创造，以身体练习为基本手段，为达到健身美体、陶冶情操、培养兴趣、树立终身体育意识等多种目的的体育运动。

为推动健美操在我国的发展，1984年北京体育大学成立了健美操研究组。1985年由北京体育大学创编并推广的"青年韵律操"等六套健美操，在全国各大院校受到广大青年学生的喜爱。1986年由北京体育大学编写的我国第一部《健美操试用教材》出版，并正式在北京体育大学本科生中开设了健美操选修课。此后，全国许多高等院校将健美操列入教学大纲，使健美操运动在青年人汇集的高校广泛开展，由此扩大了健美操的社会影响力，并使这一新兴运动项目向社会延伸。

1987年康华健美康复研究所、北京体育学院、中央电视台等联合举办了全国首届"长城杯"健美操比赛，随后又分别组织过少年儿童、青年、中老年健美操比赛，主题就是健身健美操。当时的组织不够系统与规范，直到20世纪90年代初期，随着中国健美协会和中国大学生健美操艺术体操协会的成立，我国的健美操比赛才逐步走向正规化。目前，我国每年都要举办各种健美操比赛，如全国健美操锦标赛、全国大学生健美操比赛和全国职工健美操比赛等。1997年开始，全国健美操锦标赛增加了中老年组的比赛，扩大了规模和影响力，吸引了更多的人参与健美操运动，使健美操在中国健康有序地发展。

我国健美操运动的国际交往也在逐步增加。1987年北京体育大学健美操队出访了日本，这是我国健美操运动第一次走出国门。1987年我国举办了"长城杯"健美操友好邀请赛。1995年，我国又派队参加了由国际体操联合会在法国举行的第一届世界竞技健美操锦标赛。1998年，随着健美操协会归于体操中心，我国更加重视国内健美操与国际的友好交往，参加了同年4月在日本举行的世界杯赛、5月在意大利举行的第四届世界锦标赛、7月在美国举行的ANAC（国际健美操冠军联合会）世界健美操冠军赛。虽然当时参加国际大赛的成绩不理想，但这是我国健美操走向世界的良好开端。

三、健美操的功能

（一）增进健康美

随着我国经济与信息技术的不断发展，人们的生活方式、劳动形式都发生了很大的变化，体力劳动减少，休闲娱乐方式增多，同时，很大程度上信息化的娱乐方式代替了以前具有体育运动形式的游戏。大学生严重缺乏锻炼，体能素质持续下降，并且长时间不良的坐姿影响了他们的形体，使他们出现了不同程度的驼背、扣胸、脊柱侧弯及肥胖等身体形态畸形。美是一切事物生存与发展的本质特征，生命也是如此。健康是生命的保障，生命的美丽与健康密不可分，合乎健康的身体运动形式总是与美相关的。因此，追求美的健美操运动有益于健康。人体健康美外显于健康的体格、正确的姿态、优美的体型。

健康美是人们对健康的一种正面的认识，也是一种现代人的自觉意识，人们认为健康美是身体功能最好的体现。拥有健康美的人，除了自我感觉良好，能够轻松应付日常工作和生活之外，也会有充沛的精力参与各种社交、娱乐和休闲活动，并能主动应对紧急情况。

（二）塑造形体美

当前社会飞速发展，人们的生活水平和生活质量越来越高，审美成了一种时尚，其中形体美尤其被社会推崇。学校是培养高素质人才的地方，更应该高度重视学生形体美的塑造。在教学实践中，学校应该积极肯定体育教学的意义和价值。

健美操锻炼，特别是力量锻炼可以提高人体的肌肉维度，弥补身体的先天缺陷，使身体匀称。另外，健美操运动还能清除身体的多余脂肪，从而塑造一个美丽的体态。

（三）培养动作美

动作美是通过体操或舞蹈动作、表演者的体型姿态以及整个表演的节奏等表现出来的一种美。健美操动作协调、姿态优美、节奏感强烈，借助不同的动作，运动者可以将不同的形态展现出来，同时也可以表达出具有抽象意味的美感，打破时空的限制，传达出一种力量和热情。

（四）感受音乐美

在健美操运动中，音乐是必不可少的元素。在进行健美操运动的过程中，音乐可以使运动者的动作得到充分的展示，也可以突出健美操的精神。

（五）缓解心理压力

科学研究显示，健美操运动可以减轻心理压力，并防止多种疾病的产生。此外，健美操运动能提高人的社交能力，大家一起跳、一起锻炼，共同欢乐，互相鼓励，能让人获得精神上的愉悦，也能满足人的心理需求，缓解人的心理压力。

第二节 健美操的分类与特点

一、健美操的分类

健美操是一种体育运动形式。针对健美操运动的现状及今后的发展趋势，本书根据健美操运动的目标与任务将其划分为三大类型，分别是健身性健美操、竞技性健美操、表演性健美操。

（一）健身性健美操

健身性健美操是集健身、娱乐、防病为一体的群众普及性健身运动。其主要目的是"锻炼身体、保持健康"。从健美操起源时的功效来看，最初萌芽时的健美操实质上就是健身性健美操。目前的一些观点将健身性健美操与大众健美操等同起来，在文献中经常会出现"健身健美操，又称大众健美操""健身性健美操也叫大众健美操""健身健美操，即大众健美操"等说法。健身性健美操与大众健美操在锻炼目的与功能方面很相似，但是，通过具体分析可看出两者并非完全相同。健美操分为健身性健美操、竞技性健美操以及表演性健美操（我国的特殊形式），是按照锻炼的目标与任务来划分的；而大众健美操与竞技健美操的界定是以练习对象的不同为依据的。

健身性健美操定义分为广义和狭义两种。广义的定义为：健身性健美操是一项全面锻炼身体的有氧运动，通过人体对氧的利用，达到增进人体健康、塑造形体、改善不良身体姿态和娱乐的目的。狭义的定义为：健身性健美操是促使人体有氧系统提供能量的一种运动形式，是连续时间长、主要为中低强度的全身性运动，主要锻炼练习者的心肺功能。

健身性健美操的主要目的是健身，因此，其运动强度和动作难度相对较低，可为不同年龄、层次、性别、职业的人所选用。根据不同的需要，健身性健美操还可从不同的角度进一步分类和命名。

健身性健美操更偏向娱乐化、大众化，其主要目的是促使人类通过锻炼身体的形式来增强体质、保持身体健康。健身性健美操在动作设计层面相对简单，且音乐旋律整体缓慢柔和，更加贴近大众，动作往往具有重复性、对称性的特点，在练习时间和地点方面相对灵活自由，可依据练习者的实际情况和需求进行适当变动，最大限度地保证练习者的健康和安全，避免在运动过程中出现运动损伤等意外伤害。健身性健美操通常分为徒手健美操、轻器械健美操以及特殊场地健美操。徒手健美操是指在具备传统意义健美操的基础上充分满足不同人群在健美操运动方面的不同兴趣和需求，从而形成不同风格的健美操。现阶段的传统健美操仍然深受广大群体欢迎，以提高人体心肺功能和有氧代谢能力为主要练习目的。随着社会经济的发展以及人们生活需求的多样化发展，徒手健美操开始具有多元化的表演形式，如拳击健美操旨在增强人体肌肉力量，提高身体柔韧性；拉丁舞健美操主要为群体练习，丰富的动作变化能够有效提高练习者的身体协调能力和灵活应变能力，对于缓解练习者心理压力、消除心理紧张感具有重要的促进作用。拉丁舞、街舞等健美操形式更受年轻人的喜爱，讲究人体健康与自然力量的协调平衡，在提升人体协调平衡控制能力的基础上还能达到塑身美体的目的。轻器械健美操需要借助轻器械工具进行力量练习，轻器械能够帮助练习者更好地集中肌肉力量，有效增强人体肌肉力量、塑造肌肉外形，并防止肌肉功能的退化，达到健体、延缓衰老的目的。例如，借助哑铃可充分调动全身肌肉，能够有效弥补徒手健美操的不足。此外，特殊场地健美操在国内有着较好的发展趋势，能够针对练习者的实际需求进行针对性练习，这一类型的健美操（如水中健美操、固定器械健美操等）更适合中老年群体及康复病人、减肥人群等。

（二）竞技性健美操

竞技性健美操起源于传统的有氧健身运动。自国际体操联合会、国际健美操与健身联合会、世界健美操冠军赛联合会三大国际健美操组织在洛杉矶会议达成共识后，决定将竞技性健美操的竞赛规则定为四年一周期后，经过不断修改、完善与补充，竞技性健美操得到不断发展。国际竞技性健美操比赛规则也在向严谨、高难度的方向发展，对运动员的表现标准和完美程度的要求也是越来越高。提高竞技性健美操的观赏价值，也体现了竞技性健美操的又一个发展态势。依据竞技性健美操的有关规则，如果可以非常完美地完成两个高难度动作，就可以获得加分，但两个高难度动作必须是不同的。将高难度动作完美地展现出来，展现出竞技性健美操的艺术性，这一改变更是前所未有的。我们可以从逐渐更新的规则中体会到，竞技性健美操比赛规则越来越看重每个动作带给观众的视觉冲击力。观众不只是观看一场比赛，而是在享受一场视觉盛宴。

总体而言，国际竞技性健美操规则的更新是对表演艺术运动的完美品质和完善追求的一种体现。竞技性健美操正在经历一次全新的变革，特别是竞技规则的更新，基础训练内容安排一定要遵循规则的变化。规则的变化指导着训练内容的安排，未来竞技性健美操规则的发展对艺术性、准确性、标准性和观赏性都有着很高的要求。对教练员和运动员来说，精细化训练不仅是必然的要求，还是运动员取得优异成绩的必要途径。竞技性健美操仅仅用了20多年，就凭借自身的独特魅力风靡世界，赢得了世人的喜爱。

（三）表演性健美操

表演性健美操是以突出表演为特征的健美操。当前，表演性健美操广泛出现在一些公共场合，对丰富人们的精神生活做出了重要贡献。

表演性健美操的运动员数量不受限制，比赛的时长也不同。通过表演性健美操，可以实现"表演"的目标，即通过表演，展现其魅力、活力、价值，使观众在观看中陶冶情操、愉悦身心、提升鉴赏力，并具有宣传和推广健美操的功能。

表演性健美操更注重表演效果，对其音乐效果、动作设计、队形变化、动作品质和表现力的要求更高。一般而言，表演性健美操的动作比健身性健美操的动作难度大，比竞技性健美操的动作难度小，其动作风格和表现与音乐风格的协调要好得多，所以经常要对曲目进行重新编排或调整，以满足演奏需要。

表演性健美操成套动作的创编注重艺术性和观赏性，既能让人们获得艺术带来的愉悦，又能让人们充分感受到健康、活力和自信，同时又不受人数、时间、服装、规则、形式等条件的制约，更加灵活、自由。表演性健美操的时间通常是2~5分钟，内容可依个人需求及个人特色而定，其中最常见的有健美操、有氧拉丁操、有氧搏击操、街舞、踏板操、健身球操等。总体而言，表演性健美操的整套动作不会重复，队形变化快，注重团队合作，能起到烘托氛围、感染听众、增强演出效果的作用。

另外，要想保证表演性健美操的演出效果，可以增加队形的变化。运动员也可以使用花环、旗子等道具，还可以运用爵士舞、拉丁舞等形式的舞步。在表演性健美操中，需要配合运动员的肢体语言、表情和眼神，因此，表演性健美操更注重运动员的表达能力。运动员通过刚柔的肢体语言、音乐的节拍以及同伴之间的配合，能够达到烘托气氛、感染观众、提高演出效果的目的。

二、健美操的特点

健美操是融体操、舞蹈、音乐、娱乐为一体，追求健、力、美，具有高度艺术性的一项运动项目。健美操运动朝气蓬勃、富有活力，大学生在练习中可以锻炼身体、增强体质，同时也能得到美的享受，提高艺术欣赏力。健美操运动内容丰富，种类繁多，根据不同的需要、从不同的角度、按不同的特征，以及运用不同的设施，选择适合自己性别、年龄、身体条件等的健美操，尤其是健身性健美操的运动强度和难度相对较低，是适合社会各阶级和各年龄阶段的一项体育运动，更能满足广大群众和青少年的需要，具有广泛的普及性。

健美操成套动作活泼多变，朝气蓬勃，结构严谨，讲究实效，流畅并富有起伏变化，具有针对性，因而进行健美操的学习，能够使关节灵活性、韧带柔韧性、有氧代谢功能、心血管系统和呼吸系统的机能、气质等方面都得到进一步的发展。健美操练习是在音乐伴奏下进行的，音乐节奏鲜明，使成套健美操充满生机，使学生的精神更加饱满、愉快，配上协调优美的动作，使学生在欢乐的氛围中进行自我熏陶，同时可以消除紧张等不良情绪，进而提高学生的学习效率。

健美操的动作不只是单一结构，还有许多复合结构，这些动作都是根据人体结构设计的，能够使大学生的身体更加匀称、健美。随着健美操的不断普及和推广，其融合了多种舞蹈，经过加工提炼后形成了健美操的特有动作。成套动作由许多对称性动作、非对称性动作组合而成，一个动作可以在多种节奏变化中完成，也可以不断变换组合形式，从而提高身体的协调能力。健美操成套动作中增加了许多腰、髋、膝、踝和头部等的动作，可以在一个动作中使多个部位得到锻炼。

（一）健身性健美操的特点

健身性健美操在健美操中有着自身独特的力量、美的特点，并且越来越注重"美丽"，从而使其高度的艺术性得到充分的发挥。练习者通过健身性健美操的训练，可以达到培养良好体态的目的，良好的形体姿势可以体现人的积极的精神状态，进而促进练习者对美的理解。健身性健美操是一种追求时尚的体育项目，它不但能塑造身体的美，而且因其时代性、艺术性、易用性、实用性强等优点而受到当代大学生的青睐。

具体来说，相较于其他锻炼方式，健身性健美操的特点主要表现在以下几个方面。

1. 科学性

我们常说的科学健身，其实是指在了解并掌握一些专业知识，结合医学方面的专业检查，并且根据个人身体情况，在科学合理的运动处方的指导下，开展相应的健身活动，增强身体机能与体质的过程。

科学健身，简单地说就是科学合理地健身。科学、合理的运动方式能够带给人们健康的体魄；相应地，不科学的、不合理的运动方式，对人们则存在着危险。

运动包括有氧运动和无氧运动。有氧运动有着显著的集中特点，一是强度较低，二是在运动过程中有节奏，三是持续的时间比较长。这里的时间长通常指每次运动锻炼不少于60分钟，而且每周需要进行3～5次运动。

清晨人体冠状动脉张力高，神经系统也处于比较兴奋的状态，容易诱发心肌缺血、心绞痛、急性心肌梗死等突发性疾病。所以，如果想要运动，在运动时间的选择上最好是下午或晚上。如果一定要在上午进行健身运动，那么需要选择不激烈、运动量较小的运动方式。对特定的人群而言，其运动形式和时间也有不同的规定。如糖尿病患者在空腹时应该禁止运动，在餐后2小时内也不建议运动，在2小时后方可运动。

除了这些要求之外，每次在健身运动开始前应做足热身准备，结束后应进行有效拉伸。运动结束后做的拉伸运动也叫作整理，是为了让在运动过程中处于活跃乃至兴奋状态的各项身体机能与系统逐渐平复与稳定。总的来说，想要通过运动的方式取得良好的健身效果，需要选择科学的运动形式、科学的时间等。

健身性健美操的运动设计可以让运动员在运动中充分地利用氧气来燃烧体内的糖原，尤其是通过燃烧脂肪来为肌肉提供能量，这样可以加速新陈代谢，提高人体的各项功能，从而保证心血管系统能更快地向全身输送氧气。定期进行有氧锻炼，可以促进心脏健康。一个具有良好的有氧运动素质的人，可以进行更长时间的有氧运动，并且可以更快地恢复身体机能。

2. 休闲性

健身性健美操是一种以音乐为基础的运动，对场地器材、时间等没有特别的要求，特别适用于团体练习。所以，学生可以根据自己的具体情况，选择合适的场地、内容和时间。例如，在空闲的时候，学生可以练习一些伸展运动，也可以和同学、朋友一起在户外练习健身性健美操，既能锻炼身体，又能放松身心。

3. 适应性

健身性健美操训练方式多样、运动量大、易于掌握，主要采用徒手训练方式，不受场地、环境、气候等条件的制约，适合不同年龄、不同性别、不同身体素质、不同体育基础的人群。健身性健美操可以让不同人群在不同的情况下，找到适合自己的训练内容和训练方式，并从中获得快乐。比如，普通人可以选择一些低强度的健身性健美操，从而锻炼身体，娱乐身心；如果身体素质好，想要进一步提高，可以选择高难度、高运动量的健身性健美操，既可以锻炼身体，又可以提高自己的技术，收到更好的效果。可以说，健身性健美操是一项适应范围很广的体育运动。

4. 艺术性

从形式上来说，健身性健美操能充分展示出运动员健美的身体、精湛的技巧、饱满的精力和热情，因此，健身性健美操是一种健与美相融合的运动艺术，具有很高的艺术性。

5. 实效性

健身性健美操的动作简单、活泼、协调、流畅，富有力量，可以全方位地锻炼身体的各个部位，注重锻炼的针对性和有效性，训练的周期比较长，运动强度适中，对于强身健体和减肥都有很好的效果。健身性健美操可以改善人体心血管系统、呼吸系统和运动系统的机能，促进人体的生理健康。同时，健身性健美操轻松、安全、有效，以欢乐的音乐为背景，能有效地缓解疲劳，改善精神状态。另外，健身性健美操可以有效地塑造身材，去除人体多余的脂肪。此外，健身性健美操中的力量锻炼，还可以强化体质较弱的人的骨骼，从而达到使人体匀称、健美的目的。

6. 时代性

健身性健美操融合了基本体操、现代舞蹈和流行音乐，是一种富有时代气息的体育运动。健身性健美操的音乐节奏很强，时尚的动作很有时代感，使其充满了活力和感染力，让年轻人的身心得到了极大的满足。可见，健身性健美操具有较强的时代性。

7. 安全性

（1）运动负荷与运动特点较为适宜

健身性健美操中的运动负荷和节拍，充分考虑了锻炼带来的一系列刺激效果，即使是体质较差的人也能承受。健身性健美操具有中等的运动负荷、中低强度、30～60分钟的训练周期，属于有氧负荷范围，适宜各种体质的人练习。

（2）动作的节奏较为适宜

健身性健美操讲究动作的随意、自然、流畅和节奏，在轻快的音乐和节奏的刺激下，使人体得到充分的放松，所以十分安全。

（二）竞技性健美操的特点

竞技性健美操是一种比较常见的运动，其注重在音乐的配合下，将身体的舒展力与灵活力逐渐表现出来。竞技性健美操主要展示运动员的连续性表演能力和高难度的动作表现能力，成套的动作必须与艺术完美融合，并且要体现艺术的美感。竞技性健美操要求运动员具有一定的柔韧性和耐力，可以完成一整套竞技性健美操的动作。总的来说，竞技性健美操具有以下几个特点。

1. 艺术性

竞技性健美操强调的是身体的艺术形态与运动功能结合的展现，因此需要加强身体形态艺术的魅力，这样才能使竞技性健美操自然与真实的意境得到表现，展现出竞技性健美操的力度、造型以及美感。

2. 风格性

竞技性健美操的动作风格就是一种艺术形式的展现，因为竞技性健美操艺术感的展示要蕴含一种动作风格，所以必须体现出某种文化，如将中国武术、古典芭蕾、爵士舞、现代舞或迪斯科等作为创作基调，将其贯穿全套动作的始终。每一套竞技性健美操都要保持一种风格特点，这样才能保证健美操的运动格调。

3. 创新性

竞技性健美操运动的规则，要求整套动作有创意，也就是说，不管是动作、过渡、变换，还是动态配合、托举，都要有创意，才能被称为出色的组合动作。从这一点可以看出，竞技性健美操在被不断地创新。

由于人体具有复杂的身体构造，并且人具有丰富的情感和多样的个性，这就决定了竞技性健美操运动的多样性。竞技性健美操在保留了多种健美操的基本动

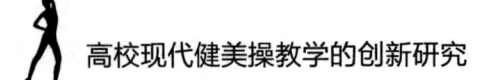

作的同时，还吸取了体育、艺术等方面相关的动作，经过加工、提炼、操化，形成了一套具有竞技性健美操风格的动作。竞技性健美操不但能改变人体各个关节的运动频率，而且能改变各种动作的组合。随着健美操的发展和演变，不断创新、特色鲜明的健美操动作和组合成为竞技性健美操的一个突出特点。

4. 节奏性

竞技性健美操是一种以旋律优美、节奏鲜明、欢快奔放的现代音乐为基础的体操。其音乐大多为现代音乐如迪斯科、爵士乐、摇滚乐等，以及节奏强劲、旋律优美的民族音乐，这些音乐高低、长短、强弱、快慢节奏清晰，使竞技性健美操运动充满了节奏感。竞技性健美操的一切动作都遵循特定的节拍，是通过有规律的组织和规范身体的运动脱离自然的状态，达到身体运动的节奏性。竞技性健美操中的节奏性是由身体动作来表达的，而具有节奏性的动作能使其更好地体现人体运动的艺术美感。所以，竞技性健美操的动作节奏特征明显，在音乐中得到了充分的体现，而音乐又是其中不可或缺的一部分，是竞技性健美操的灵魂。在训练中，由于受到音乐节拍的影响，练习者会不由自主地陷入一种运动的状态，随着鼓舞人心的节拍，一口气完成几十个、甚至几百个动作，而且能时刻保持高昂的精神状态，这是其他运动无法比拟的。

另外，在选择竞技性健美操的音乐时，要注意音乐的风格和动作的风格，这样才能更好地体现整套动作的特色，并且更容易激起练习者的热情，减少他们精神上的疲惫，并能使他们在实践中获得美感。此外，配合音乐，能使整套竞技性健美操更具观赏性。

（三）表演性健美操的特点

1. 选用音乐类型的特点

从选择的音乐类型上看，表演性健美操在通常情况下会选择一些动感性较强、旋律较快、较为活跃的音乐，更加动感且旋律较快的音乐更能够体现这项运动的活跃性，也有利于充分调动现场观众的情绪。而且表演性健美操对外释放的都是积极、向上、有活力、有动力、热情的信号，表演者也向观众展示了自身的活力、魅力和激情。

除此之外，为了让表演性健美操呈现更完美的演出效果，创编者通常会精心选择音乐。例如，把两段或多段动感音乐剪接到一起，让音乐之间富有层次性，从而循序渐进地调动观众的情绪，最终取得非常好的现场效果。

第一章　健美操概述

2. 采用练习方法的特点

表演性健美操对练习者身体的柔韧性、力量、爆发力、心肺耐力、肢体的协调能力以及音乐卡点的能力有着较高的要求，所以在日常的训练过程中，练习者会灵活采用各式各样的训练方法提高上述几种身体素质。例如，练习者会通过拉伸的方式来提高自己肩部和腰部的柔韧性，这与舞蹈演员基本功中的柔韧性练习有一定的相似之处。练习者在锻炼肩部或腰部柔韧性的过程中，除了自己独自完成拉伸训练之外，还会通过其他练习者或教师的辅助来完成拉伸训练。

通常情况下，为了充分保障自身的安全，也为了提高训练的效率，表演性健美操的练习者在训练开始时，会通过多次的热身运动来快速唤醒自己的身体机能，热身运动结束后再进行腰部、肩部的拉伸活动，进而有效提升腰部、肩部的柔韧性，并提升在表演过程中展现出的美感。

3. 对外呈现效果的特点

首先，从对观众的视觉冲击上来看。表演性健美操对专业表演者的要求基本相同，通常会选择身材较为匀称、比例较好、柔韧性和力量都不错的表演者。所以，在正式表演的过程中，表演性健美操能够给观众带来足够强烈的视觉冲击。表演者在表演过程中与音乐的完美契合，能够进一步增强健美操的视觉冲击力，有效带动观众全身心地投入其中。另外，表演者们都会身着鲜明且极具特点的服装，在音乐的配合下，表演过程会更加具有吸引力。

其次，从对表演者身体素质的影响上来看。表演性健美操对于提高表演者的身体素质、改善表演者的身体机能状况具有一定的促进作用。从事这项运动的专业人员和业余爱好者，身体机能都会得到显著的改善，如柔韧性、肢体的灵活性与协调性、肌肉力量等。而且表演性健美操对于提高长期从事这项运动的专业人员和业余爱好者的活力和动力也有一定的促进作用。这项体育运动对于促进人们身心健康的发展能够起到重要的积极作用，因为在音乐与舞蹈的配合下，表演者能够获得身体上和心理上的愉悦，并提高他们的身体和心理素质。

最后，从对社会产生影响的角度来看。高质量和高水准的表演性健美操能够向社会传达积极向上、有动力、活跃的信号。因此，无论是对个人还是对整个社会，表演性健美操都会产生一定的积极意义。

第三节　高校开展健美操教学的意义

一、有利于培养学生的综合素质

劳逸结合能够促进学生全面发展，因此，开设健美操课程更有利于学生的身心健康发展。改革之后的健美操课程普及范围更广，更加突出自身的健身性和实用性，能够更加迎合社会所需，也能更进一步地培养学生的综合素质，缓解学生的学习压力，使其实现全面发展。

二、有助于排解学生的不良情绪

当代大学生因学业、就业等各种因素的影响，较容易产生悲观、失望等消极情绪，进而导致抑郁等心理问题。研究发现，体育运动可以帮助人们摆脱压抑、悲观等消极情绪，消除焦虑、抑郁等心理问题，促进人们的心理平衡以及心理健康。

健美操是一项能缓解学生精神紧张，使其身心积极健康发展的集体运动。首先，健美操是一项体育运动，可以通过表演不同的动作来发泄心中"深藏不露"的紧张和压力；其次，健美操是一门艺术，可以通过运动来表达情感，传达思想；最后，健美操独特的内容与形式，可以让学生在美妙的音乐伴奏下，体会到"学会了"的快乐、"成功了"的兴奋、"获胜了"的喜悦。健美操作为中等强度的有氧运动，健康身心的效果被越来越多的科学研究所证实，不仅能减轻忧郁症状，还对长期的中度焦虑和抑郁等心理疾病有一定的治疗作用。

三、有助于培养学生的审美意识

健美操是一项具有艺术性的体育运动，学生可以通过欣赏健美操的音乐来加强节奏感，体味音乐的美感，从而提高音乐修养和审美情趣；同时在形体训练中，培养学生的优雅气质以及形体美。学生可以通过健美操了解美、鉴赏美、追求美、表现美、创造美、展示美、体验美、欣赏美，从而使自身的身心素质和文化艺术素质得到全面的提高。

四、有助于培养学生坚强的意志

健美操是培养大学生意志品质的重要途径。健美操的动作多且比较复杂，动作的力度和幅度都比较大，大学生进行长时间的健美操有氧运动更是要突破身体的极限，进而起到培养自身坚强意志的作用。在健美操表演中，为了强调其艺术性和观赏性，常常要求健美操运动员付出极大的努力，不仅要求运动员具有良好的体能，更要求其具有坚强的意志。

总而言之，健美操因其特殊的运动内容与形式，对大学生的身心健康有着正面的作用。健美操欢快有力的音乐能够营造和谐的艺术氛围，加强大学生之间的交流，从而提高他们的交际技能。长期进行一定强度的有氧运动，可以提高学生的意志力，提高他们的智能，提高他们的自觉性。有计划地进行演出或竞赛，能提高大学生的积极性，提升其精神状态。健美操能够使大学生形成全面的健康观，正确处理健身与健心之间的关系，既能促进学生身心健康，又能丰富学生的校园文化生活，是一项十分重要的体育运动。

第二章　高校健美操教学的现状与发展趋势

本章分为高校健美操教学的现状、高校健美操教学的发展趋势两部分，主要包括高校健美操教材的现状、高校健美操师资的现状、教学元素呈现多样化趋势等内容。

第一节　高校健美操教学的现状

一、高校健美操教材的现状

教材作为教师教学的工具，在教学内容中具有举足轻重的地位。教材的选用与教学内容、教学质量等息息相关。目前，我国高校健美操教材种类繁多，有国家统一教材、体育院系统编教材、自编教材等。

黄彩虹在《体育院系体育教育专业健美操专项课程内容体系构建研究》中，结合我国体育院系体育教育专业的健美操专项教学的现状，从学科发展、社会需求、学生个体发展三个方面对教学内容的改革提出了一些新的见解，并构建了健美操专项教学内容的新体系。周智红的《高等院校健美操课的教材选择及教法》、张春凤的《浅谈高校女生健美操专选教材的选编和使用》（这两篇论文中的"教材"指教学内容）从不同的角度探索了编排健美操教材时教学内容的选择以及一些健美操教学方法的使用。

杨静巧在《构建我国体育院校艺术类专业健美操专项课程方案的研究》中，指出在构建艺术类专业健美操的专项课程方案中要探究教材实施的可行性以及教材本身的科学性。健美操专项课程方案应建立合理的课程目标，选择科学的课程

第二章 高校健美操教学的现状与发展趋势

内容，对课程的考核及评价采取灵活的方式，并对结果进行客观的反馈。她从各个角度对课程方案的构建进行了精细的安排，认为课程方案的构建要依据教材的整体性、关联性、系统性，充分体现时序性、科学性等基本特性。

廖枚通过调查嘉应学院使用的健美操教材（以第一套全国大学生健美操锻炼标准、健美操基本套路和自编健美操套路为主）的实施情况，了解学生的实际需求，对过去的健美操教材资料进行了整理，除去与实际不符的内容，留取精华部分，借鉴和创编出更新、更美的健美操动作，并制订出适合健美操教学的教学方法。在对学生进行教学的过程中，她充分利用音像等辅助设备，并抓住健美操专项的时效性、理论与实践相结合的特点，重点培养学生的创编能力和自学能力，多设置健美操实践课程。此外，她还大胆提出在实践课中加入形体舞蹈的练习，并逐渐加大难度、幅度。她让学生结合所学的理论知识及已有的技术水平进行教学练习，旨在加强学生的实践能力，引导学生主动学习教材知识，培养学生观察和积累动作的能力。

李菁针对健美操教材的创新与重建，对赣州市中学的体育教材建设进行了分析和总结。她将"育人为本"的教育理念贯穿教材的始终，编写出适合赣州市中学的健美操教材，明确健美操教材编写的目标并准确定位，对教材编写过程中遇到的问题及难点进行了细致的分析和谨慎的思考，对健美操教材的结构进行了改变，对教材的形式和内容等都有新的编创，能够满足不同时期社会对体育人才的需要，也使得学生在毕业后能够更好地适应社会，得到社会的认可。

袁枚根据对大众健身操的认识和了解，就高校健美操教材的价值取向与教法进行了一番思考，提出高校健美操教材的价值取向应突出健康美、实用性、可持续性、个体需求和体育文化等。她认为应加强科学的教学方法的研究，并有效地进行研究以帮助学生牢固树立起"快乐健身"及"终身体育"观念，加强学生自觉锻炼身体的意识，以促进我国全民健身运动，推动大众健美操的蓬勃发展。

当前，我国高校健美操教学的教材呈现出多样性、不规范等特征。健美操的教材不统一，教学知识、选题的选择也各不相同，各高校的学生对健美操的掌握程度也各不相同。教材选用不当，将会对健美操教学的发展产生很大的影响，使得其教学内容体系呈现出非逻辑性、非系统性。这种单一的教科书选择会影响学生的学习范围和深度，从而影响大学生的健美操水平，对我国的健美操发展造成一定阻碍。此外，我国很多高校的健美操教材都是自行编写的，由于受其自身水平和诸多因素的影响，教材的质量参差不齐，从而对高校健美操教学产生一定的影响。

从整体上讲，目前高校健美操的教材多是理论性内容，缺乏实践引导，学生往往难以掌握。所以，要有针对性地编写和应用高校健美操教材，为高校健美操教学提供科学的依据。

二、高校健美操师资的现状

教师在高校健美操教学中的作用是毋庸置疑的。高校健美操教师的素质是影响健美操教学质量的重要因素，因此，要想提高高校健美操的教学质量，就必须提高健美操教师的素质与水平。目前，我国高校健美操师资主要存在以下几个问题。

（一）师资存在性别、年龄差异

目前，我国高校健美操的师资结构存在明显的性别差异。在高校健美操教学中，女教师是绝对的主力，而男教师的数量很少，这反映出目前我国高校健美操教师的性别分布很不均衡。根据学生的年龄，我国高校的健美操教师以中青年为主，他们具有较强的朝气，敢于冒险，这样的状况有利于高校健美操教学的发展。健美操师资队伍的年龄结构呈现年轻化的趋势，符合职业的要求和特征。在高校健美操教学中，应充分发挥老教师的桥梁作用，充分利用年轻教师的体质优势，能够对高校健美操教学起到积极的促进作用。

（二）师资存在学历、职称差异

教育程度是一个教师的知识、技能水平的体现。一般情况下，教育程度越高，教师的素质和水平也就越高，能够充分发挥其在教学中的作用，从而提高高校健美操的教学质量。近年来，我国高校逐步形成了以博士、硕士为骨干的大学教育体系。目前，我国高校健美操师资以硕士、本科学历为主，硕士学历的教师比例持续增长，但与其他专业的师资结构相比仍有很大的差距。想要全面提升高校健美操教师的综合素质，必须进一步提升健美操教师的教育水平。

就职称而言，高校健美操教师的职称包括助教、讲师、副教授、教授等，但大部分健美操教师的职称较低，这既是因为我国高校健美操师资队伍年轻化，也是因为我国高校健美操教师相对较少，缺乏一定的实践经验，本身的能力还有待进一步提高。所以职称较低的健美操教师要不断地加强对健美操的学习，抓紧时间进行全方位的训练，以提升自己的技术水平和教学质量，同时高校也要多对这些教师进行辅导，让他们能够快速成长，为高校的健美操事业做出自己的贡献。

（三）师资存在专业能力差异

健美操教师只有掌握了健美操的专业知识，才能正确掌握高校健美操的教学要领，从而进行科学的教学。然而，目前我国高校健美操的师资队伍中，有一些非健美操专业毕业的教师，在部分高校中其比例甚至超过了健美操专业任职教师。这表明，目前我国高校健美操教师的职业构成存在不合理、职业素质低下等问题，必然会影响高校健美操教学的整体水平。在不具备专业健美操知识的情况下，教师很难正确地进行健美操的讲解和演示，这不仅会阻碍学生对健美操的认识，而且会影响他们对健美操的学习。因此，我国高校健美操师资队伍建设急需加强，必须大力发展健美操专业人才，为学校输送优质的师资，加强对健美操教师的教育和培训，使其不断提升自己的专业能力，从而推动高校健美操师资队伍的完善。

（四）师资存在科研能力差异

在高校中，科研能力是影响健美操教师素质的另一重要因素。目前，我国高校健美操教师的科研水平普遍偏低，这与我国高校体育教师总体素质存在一定的关系。目前，我国高校健美操教师普遍存在年龄偏小、学历偏低、缺乏实践经验、缺乏专业基础等问题。高校健美操教学与科研工作的滞后，使其在体育教学中的创新与发展变得越来越困难，长期下来，将会对我国高校健美操教学的发展造成极大的负面影响。

因此，要想使我国高校健美操教学质量得到进一步的提升，就必须提高高校健美操教师的科研能力，这就要求高校里的老一辈健美操教师多加指点，多把自己的经验传授给年轻教师，同时，高校也要多组织教师参加培训，从而有效提高健美操教师的能力，推动高校健美操教学的发展。

第二节　高校健美操教学的发展趋势

一、教学元素呈现多样化趋势

（一）融入爵士舞元素

1. 在健美操中融入爵士舞元素的优势

（1）使健美操动作更加丰富

动作的不断丰富与发展对提升机体的运动能力具有良好的作用。健美操一开始主要被用于提升太空宇航员的健康水平，之后各国舞蹈教师、健身专业人士结合本国特色，对健美操的动作进行了扩充与完善。当下，由于国内外各种健身思潮的影响，各类健身项目和舞蹈艺术如雨后春笋般出现。在健美操中融入爵士舞元素符合健美操发展的方向，能够使健美操在动作内涵、动作特点、运动形式、动作效果的实现上更加丰富。

从动作内涵上来说，与健美操一样历史悠久的爵士舞项目，在保留自身急促且富有动感的舞蹈动作的基础上，又不断融入不同时代、不同地域的多元化动作，使自身的动作内容和形式得到扩充和发展，才形成如今极具魅力的现代爵士舞。在健美操中融入爵士舞动作，能够使健美操在动作的文化内涵上得到丰富。从动作特点来说，爵士舞作为一种舞蹈，动作更加柔美，而健美操的动作更为刚劲，在健美操中融入爵士舞柔美的动作风格，可以使健美操的动作特点更加多样化。另外，在健美操中融入爵士舞的头、肩、腹、背、胸、腰、胯、腿、踝等局部独立动作，能使原有的身体各部位共同参与的运动形式得到丰富和发展。与健美操匀速的节奏特性不同，爵士舞动作节奏多变，在健美操中融入爵士舞元素，可使其在原有动作的基础上，加入多样化的动作节奏，从而展现出不同的动作效果。由于爵士舞是一门舞蹈类艺术，在动作的展现上，会更加注重眼神、呼吸等细节来辅助表达内心情感和塑造人物形象。在健美操中融入爵士舞的细节动作，有助于丰富健美操的肢体动作语言，增加健美操运动对内心情感表达的功能，更好地促进人的身心健康、协调发展。

（2）使健美操更加具有娱乐性和表演性

爵士舞是一种极具娱乐性的舞蹈，首先，其娱乐性表现在自娱上。爵士舞植

第二章 高校健美操教学的现状与发展趋势

根于非洲原始社会,在重大节日、历史事件、公共活动中,爵士舞被作为重要的演出形式之一来表达愉悦心情,从而达到愉人愉己的目的。其次,爵士舞的娱乐性还表现在娱人上。随着爵士舞进入上层社会,融合了百老汇舞台风格和迪斯科等多种娱乐风格,爵士舞开始在舞台上和各种表演形式的场合中出现,进一步提高了爵士舞的娱乐性。另外,随着爵士舞的普及,爵士舞以其独有的艺术魅力以及丰富文化生活、娱乐身心的作用被大众所喜爱,其娱人娱己的目的得到进一步增强。爵士舞元素的融入有助于提升健美操的娱乐性。

爵士舞元素的融入还有利于提高健美操的表演性。爵士舞是一种具有表演性质的舞蹈,通过灵活多变的动作塑造形象、抒发情感,创造供人欣赏的舞台表演节目。相对于健美操注重对自我身体素质的发展,爵士舞的动作形式更加多样、风格各异,更加注重动作最终呈现的审美效果以及观众的感受,因而在表现形式上更具有观赏性。在健美操中融入爵士舞元素可以在发挥健美操提升身体素质作用的同时,对动作进行重新整理、编排、加工、提高和创作,从而提高动作的观赏性和健美操的表演性。

(3)满足不同练习人群的需求

不同年龄阶段的运动人群对运动的要求与目的不同,包括运动的种类、难度、强度以及参与运动的方式。在健美操中融入爵士舞元素,需要结合不同年龄阶段人群的人体结构力学、中枢神经系统的控制与协调能力、感知觉能力、锻炼者自身的技术水平、不同身体部位运动素质的协调发展以及不同人群的个性心理特征进行分析融入。

参与健美操运动的人群为青少年、中年和老年,并且青少年占比最高。在健美操中融入爵士舞动作、音乐、技术元素,有助于增加健美操动作内容、丰富健美操运动形式,从而满足不同年龄层次和不同运动水平锻炼人群的需求。青少年有着旺盛的精力、独特的审美,喜欢挑战、追赶潮流,对新鲜事物充满好奇和向往。在健美操中融入爵士舞元素,提高了健美操运动的艺术性,能够满足青少年的审美追求。并且爵士舞具有一定的技术要求,使健美操动作技术难度得到提升,能够满足青少年不断挑战的欲望。爵士舞作为一种不是很大众化、很普及的舞蹈,满足了青少年追求新鲜事物的心理。另外,爵士舞极具个性的道具和服装,迎合了当下潮流。

2. 在健美操中融入爵士舞元素过程中应注意的问题

创新是事物发展的源泉和动力,是事物永葆活力最重要的途径,任何一个事物要想不被淘汰,都必须进行不断的创新。在健美操中融入爵士舞元素,是通过

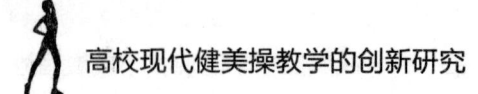

在健美操原有的身体各部位共同参与动作的基础上，加入爵士舞的头、肩、腹、背、胸、腰、胯、腿、踝等局部独立动作，从而达到拓展健美操动作的具体内容、增加健美操运动的表现形式的目的，使健美操动作更丰富、更有趣、更具表演性，但其本质还是健美操运动。

（1）遵循健美操练习中的健身性原则

爵士健美操是在健美操的基础上融入爵士舞元素发展而来的，因而所做动作也应该在遵循健美操动作编排原则的前提下进行。健美操动作的首要原则为健身性原则。由于健美操为一项全身性运动，而爵士舞动作的突出特征为局部独立运动，因而在健美操中融入爵士舞元素时，就要在不降低运动强度的基础上遵循其健身性原则，即以全身性运动为主。健身性首先表现为强身健体，因此要以安全为前提、以"健康第一"为指导思想，避免选择爵士舞中一些可能造成运动损伤的动作元素。其次要有一定的运动强度，可以采用上肢为爵士舞局部动作、下肢为健美操动作的方式进行组合动作或交换，避免只做局部爵士舞动作使运动强度降低；可以在遵循局部独立运动技术的要求下，多增加几个不同部位的局部动作，如头部4个方位基本动作、肩部独立动作、腹背胸腰独立动作、胯部独立动作等爵士舞中的局部独立动作，从而增加参与运动的部位，达到提高运动强度的目的；还可以通过增加爵士舞动作的重复次数、提升完成爵士舞动作的速度等方式来达到提高运动强度的目的。另外，在融入爵士舞局部独立动作时，可以通过增加爵士舞动作元素的对称性，达到均衡发展身体各个部位肌肉能力的目的。

（2）保持对称性的健美操动作编排形式

健美操动作编排的另一个突出特点为动作的对称性。其原理为在保持动作相同的情况下，做相反方向或另一侧的动作，既有方向的变化，还有动作的稳定性，使简单的动作变得更加有趣，提高了运动强度，并且具有一定的动作难度，从而达到使人体肌肉均衡发展的目的。爵士舞作为一种舞蹈，动作没有对称性要求，有时会刻意避免对称性动作来增加动作难度和提升观赏效果。因而在健美操中融入爵士舞元素时，也要保持健美操动作编排的对称性。首先，在动作设置上，要考虑到相对方向，如前后、左右、上下等；其次，在动作节拍上，左右方向或上下肢要保持32拍动作，且动作力度和动作数量也要一致；最后，尽量选择在有音乐伴奏时，结合音乐时长进行对称动作的编排，从而使健美操能够保持其原有特性。

第二章 高校健美操教学的现状与发展趋势

（3）考虑不同练习人群的需求特点

健美操之所以极具普适性且经久不衰，其中一个很重要的原因在于其具有针对性，即针对不同锻炼人群均具有很好的健身效果，因而在健美操中融入爵士舞元素也要充分考虑动作的针对性。在选择动作时，要结合不同主体的性别、年龄、职业、喜好、身体素质以及锻炼目的进行选择。如针对学生时，除考虑运动所需的强度，还需考虑学生有提高自身舞蹈技术水平的运动需求，因而在融入爵士舞元素时，可选择具有一定难度和强度的动作，并结合当下流行趋势，增加学生对锻炼的兴趣。针对中老年锻炼人群，需结合老年人骨质脆，身体灵活性、协调性、耐力等各项生理机能下滑等实际情况，不可增加过多的爵士舞元素，保持动作的简单性，在选择爵士舞独立动作时，要以基础动作为主，增加动作的重复性、对称性，对有难度的动作进行简化，选择节奏稳定性强、速度较慢的爵士舞音乐，从而达到重点加强心肺功能、发展肌肉力量、提高反应能力的目的。

（4）避免使用对身体有伤害的动作

爵士舞作为一种对技术水平和身体素质要求较高的舞蹈，主要是通过一些高难度的动作来达到表演的效果，这就决定了爵士舞在动作的选择上，健康安全并不是首要的衡量标准，而观赏性、难度则在很大程度上取代了安全性的地位。例如在落地技术上，由于观赏性要求，爵士舞更多的是强调脚尖先落地，再过渡至脚掌。一些动作由于节奏过快，或者审美要求，甚至会要求只有脚尖着地。这就增加了地面对人体的反作用力，对于关节的保护是非常不利的，长此以往，容易导致关节压力过大，产生关节磨损等关节性疾病。因此，在健美操中融入爵士舞元素时，要了解爵士舞中可能对身体造成伤害的舞蹈动作并进行剔除。如180°、360°等大幅度的头部转动动作与颈椎的正常活动度相违背，可能造成颈椎压力过大进而带来一系列颈椎病，类似这种违背关节正常活动度和范围的动作，应尽量避免；足尖、前掌和内外侧首先接触地面的方式，不会减少地面的反作用力，还会由于接触面太少，增加膝关节、踝关节的压力，从而导致关节损伤；爵士舞中的发力方式之一——爆发力要求肌肉在极短时间内做最大的功，速度快、力度大，一般锻炼人群不具备如此好的身体素质，很可能出现肌肉拉伤或关节脱臼等问题。

在动作的选择上要符合人体生理构造，避免反关节、超伸、活动范围超出人体关节正常活动范围的动作；在动作速度、力度的选择上要以匀速为主，避免肌肉快速发力而导致韧带拉伤、肌肉损伤、关节脱臼等；身体协调各部位动作协调发力，由于爵士舞中多以局部动作为主，可能会出现单部位疲劳性骨膜炎，因而在动作的选择上要尽量全面协调，使身体各部位肌肉协调发展。另外，动作的选择要符合人的认知规律和技能掌握规律。由于部分动作本身的设置与人的认知规律和技能掌握规律相违背，如果刻意为之，就会出现身体和心理上的抗拒，从而导致运动损伤的出现。因而在健美操中融入爵士舞元素时要结合人的认知规律和技能掌握规律进行动作设计，避免运动损伤。

（二）融入光影律动智能健身系统

在全民健身的氛围中，大学生的体育发展也必须跟上步伐。中国大学生体育协会为了在校园内大力发展"互联网＋体育"，以促进大学生身心发展的健康为目标，联合互联网信息科技有限公司，开发了为校园用户提供健身服务的优力劲联项目，该项目通过多媒体智能共享健身体系，采取"室内健身房"与"室外健身舱"相结合的模式，构建了校园智能健身房。

为了更好地应用该项目，打造全国性光影课程与体育活动系统平台，针对健美操课程，全国多所高校逐步建设运营了光影律动智能健身系统，这是一款涵盖健美操各类舞蹈的高科技情境教学工具，主要采用现代的全息投影技术，应用高科技技术手段，将学校资源与学生体育健康融合。该系统通过云端和软体控制技术，对健美操课程实行编排与整合，将学生学习健美操的动态通过投影拼接显示出来。该系统的健美操舞蹈种类丰富多元，是由国内健美操行业专家、团队共同创造的，主要包括杠铃雕塑、互动搏击、炫丽舞蹈、情境瑜伽等。

1. 在健美操教学中融入光影律动智能健身系统的优势

第一，光影律动智能健身系统比传统教学形式更能提高学生的健美操技能水平（音乐节奏感、表现力、动作标准）。但在整体技能水平中，学生音乐节奏感的提升幅度较为缓慢，这与学生个体的乐感和学习能力不同相关。

第二，光影律动智能健身系统教学能够满足学生的需要，使学生获得较好的情感体验，并使其产生主观兴趣和行为动向，增加对健美操学习的精力和时间投入。与传统教学形式相比，光影律动智能健身系统教学能够更好地保持学生的体育锻炼习惯，有助于学生学习主动性和活跃度的提高。

2. 对在健美操教学中融入光影律动智能健身系统的建议

（1）培养大学生学习的主动性，提高学生的体育素养

光影律动智能健身系统工具的应用，需要学生拥有高度的自觉性和学习主动性，如果课前的自主学习没有做好，接下来的教学环节的学习效果就会受到很大影响。培养学生学习的主动性，可以从以下几个方面做出努力。

第二章　高校健美操教学的现状与发展趋势

第一，教师在课堂中应当尽可能地营造氛围，运用工具让更多的学生自主参与学习，如多利用工具对学生展开指导、多鼓励学生进行自我展示。

第二，对于教学内容的选择、任务的布置，教师要结合学生感兴趣的话题和热点，激发学生的学习兴趣和探索欲望，使其树立正确的学习价值观。

第三，教师要更多地探索学生自主学习的方法，方法的养成会大大提高学生的学习效率，也更容易让学生获得成就感和价值感，更有利于学生保持学习动力。

第四，教师应调整课程规划，提高体能锻炼的连续性。目前，造成学生体能水平提升不明显的很大原因在于体能锻炼的连续性不能保证。所以，在光影律动智能健身系统的教学探索中，教师可以适当地加大练习量和负荷，增加每周课时数，以此来维持学生的动力和习惯保持。

（2）提高教师素养，构建专业师资团队

任何教育模式、任何教学工具作用的发挥，都需要教育引导者的奉献和探索。一个拥有较高教学素养、善于运用工具的专业教师，能在教与学的双向互动中起到关键作用。从光影律动智能健身系统的应用来看，这一教学工具在技术应用和教学设计上对任职教师有着很高的素养要求。首先，光影律动智能健身系统全部采用电子信息设备，需要任职教师掌握平台系统的运用、教学资源的获取与上传、教学监测与反馈、教学组织与管理等基本的计算机信息技术。其次，光影律动智能健身系统的教学环节紧凑，且形式比传统教学更为复杂，需要任职教师付出更多的时间和精力。所以，教师的思想觉悟和素养就显得极为重要。

一般来说，这种工具系统的应用需要耗费大量的人力、物力，而每个教师的时间、精力以及能力都是有限的，如果每个健美操教师都单打独斗地完成教学任务，那么教学质量势必会受到一定影响，教师的倦怠感也会大大增加。由此来看，构建专业的师资团队是十分必要的。专业师资团队的构建，可以分担沉重的教学任务，提高每个环节的教学质量，还可以推动该工具的应用。

（3）加强光影律动智能健身系统教学成果的应用与探究

光影律动智能健身系统的教学理念是从国外传入的，随着智慧课堂的兴起而被逐渐应用到健身房和体育技术课堂中，目前还处于起步阶段。在高校课堂中，该系统还没有实现全面推广，从理论和实践研究现状来看，还需要探究更多的教学成果。虽然光影律动智能健身系统比传统教学形式更能提高学生的技能和体育锻炼水平，但是一个成果的应用如果没有相应的理论支撑，将很难长远地发展下去，这也是造成目前该系统推广和普及难度大的一个根本原因。光影律动智能健身系统教学工具属于信息化时代的产物,被人们普遍接受和使用需要经过长期的探索和实验,所以在接下来的很长一段时间内,可以预见传统教学形式和以光影律动智能健身系统为主的智慧课堂教学形式会有一定的结合。

二、训练方法呈现多元化趋势

(一) 群聚组训练

1. 群聚组训练的基本概念

自 20 世纪 70 年代以来,随着相关研究的不断深入,"群聚组"一词已经演变成描述频繁使用短休息期的训练组结构,这种组结构常用于抗阻训练。2003 年,哈夫等在探索不同组结构对高翻训练中杠铃杆的移动速度和位移的影响时,通过将 5 次连续的重复练习分隔为 5 段单次重复练习,并在每次重复练习之间安排了短的休息期(这种训练的组结构安排首次被称为"群聚组"),进行了群聚组训练的研究,这种组结构的后续研究也开始以"群聚组"的专业术语陆续展开。针对群聚组的研究,大多聚焦在组内重复次数、间歇频率以及间歇时间的安排上。图凡等在一项系统评价中将群聚组结构概括为:具有正常组间间歇,并伴有预先计划好的组内间歇的组结构。相较于传统组结构,群聚组结构在保持各组间正常休息时间不变的情况下,通过在各组组内增加短的休息期,可以让运动员在一次训练中完成更多重复次数的训练,同时为缓解在抗阻训练中累积的疲劳提供了一种新思路。

总的来说,群聚组训练是一种通过对训练组的组间休息时间、组内重复间的休息时间以及重复次数进行"聚式"分配,以期能增加训练组的间歇次数和间歇频率,从而达到降低疲劳、提高训练效益的目的的一种训练方法。

2. 群聚组训练对健美操教学的积极作用

健美操是一项以动作组合和操化单元动作的创新为标志的运动,随着该运动的发展,其对运动员的体能素质要求越来越高。作为一项表现难美性项目,健美操要求运动员有良好的力量基础和快速做功能力,而群聚组作为一种较新的抗阻训练手段,在许多研究中已被证实对提高肌肉力量和爆发力具有积极的意义。因此,通过与传统训练进行对比,探究群聚组训练对健美操运动员下肢肌肉力量和爆发力的影响,能够为制订最优化抗阻训练计划提供一种新的思路,同时也能促进健美操运动的发展。

（二）功能性训练

1. 功能性训练促进表现难美性项目运动素质表现的研究

技能主导类表现难美性项目的共同特征是通过比赛的方式呈现在大众面前，需要借助主观的评价予以打分，主要包含的项目有竞技体操、艺术体操、武术、跳水、花样游泳、花样滑冰等。难与美更要求了在项目里的基本动作到位、准确且具有美感，在姿态上更是如此，并且对美的要求不能千篇一律，更要创新中更新不同的美。

李峰针对男体操运动员落地技术的稳定性安排训练，运用落地纠正训练、功能性训练、功能性提高进阶式训练三阶段的训练，促进了体操运动员在落地时的稳定性。另外，与传统的体能训练不同，功能性训练强调动作链，能够大幅提高体操运动员的身体平衡性和身体调控能力；对核心力量、耐力以及腿部力量的提升也优于传统体能训练。

田径在武术技术中针对摆莲720接马步这一动作的提升采用了功能性训练方法，首先分析了这一技术动作所需要的身体相关素质，针对需求制订了12周的功能性训练方案，最后通过实验得知运动员的核心力量及稳定性、身体动态协调性和柔韧性都有很大提升，主要体现在做技术动作时旋转角度上的变化和旋转时的控制稳定上，以及在身体躯干垂直夹角的控制和要求上，这些素质的提高都促进了运动员技术动作测试的分数的提高。

刘慧强认为功能性训练对42式太极拳中的平衡动作有显著的提升效果，42式太极拳中的举腿平衡和提膝平衡所需要的身体素质是下肢和腰腹连贯发力以及一定的柔韧性，功能性训练强调多方面的协调配合，符合武术所需要的专项身体素质。

姚敏通过运用功能性躯干力量训练对武术腾空垂转动作的实验干预后，得出实验组和对照组在身体躯干的稳定性上都有所提升，但实验组的提升效果明显优于对照组。经过功能性躯干力量训练干预后的实验组，在腰腹、背肌力量的测试中，提升速度显著，且因为腰腹及背肌的协调发力促使武术腾空垂转动作更为流畅，提高了该动作的动作质量分数。

董秀秀认为在体育舞蹈教学中，功能性训练起到了重要作用，不仅可以预防运动损伤，而且能够促进身体各肌肉群的协调发展，使运动员更好地掌握动作，提高动作的精准度。

王金润沛指出运用功能性训练的体育舞蹈的实验组学生，其在身体姿态控制能力方面明显优于对照组，而决定身体姿态控制能力的主要因素之一就是平衡性，运用功能性训练系统地训练学生的平衡性，能够提高学生的身体姿态控制能力。

李佳琪认为功能性训练可以提升学生的身体素质及运动能力，最重要的是可以提升学生的专项运动成绩。她通过实验将功能性训练运用至体育舞蹈中，发现艺考生的一系列素质得到了提升，主要体现在踝关节至膝关节再到髋关节，这是一条线的提升，更有利于体育舞蹈的动作发力，使踝关节更灵活，膝关节和髋关节更稳固，躯干稳定性更强。

综上所述，功能性训练在技能主导类表现难美性项目中运用广泛，根据项目需求，表现难美性项目大多需要身体核心稳定性、身体姿态控制能力、落地平衡性、协调性以及柔韧性等素质，而功能性训练可以更好地使这些素质得到提升。

根据项目评价方式，表现难美性项目大多采用主观评价标准，对于动作的协调性、一致性以及动作的表现力有很高的要求，而动作的高质量完成所需要的身体素质并不是割裂的一项素质的提高，大多需要多关节、多平面、多肌群的协调配合，才能使动作流畅、有力且不僵硬地完成。功能性训练方法刚好可以满足这一需求，因而可以广泛运用至表现难美类项目中。

根据项目的特点，基本所有项目都是在打破自身平衡和维持自身平衡，而难美类项目与其他项目不同的是，有些难美类项目基本需要连贯地完成一套操或一套拳法等，契合功能性训练的动作链原理，不是某一块肌肉或单个关节参与完成，而是需要持续连贯地完成，因而功能性训练方法适用于此类项目中。另外，功能性训练起源于运动医学领域，在提高运动能力以及专项运动成绩的同时，有利于减少运动损伤。健美操同样属于表现难美类项目，对于项目的某些特点、需求及评价方式都有相似之处，因而也可以予以参考。

2. 对功能性训练的建议

功能性训练的第一个阶段主要以核心稳定性训练为主、腿部力量的训练为辅，提高学生的身体控制能力，使得各个关节之间能够较好地传递力量。第二个阶段主要以快速伸缩训练为主、核心稳定性训练为辅，提升速度与爆发力。第三个阶段主要以动作技能训练为主、快速伸缩训练和核心稳定性训练为辅，发展身体平衡能力，提高有效控制身体重心的变化并快速正确地完成各种动作的能力。采用这种功能性训练方法可以有效地提升学生的身体控制能力、平衡能力，使得

第二章 高校健美操教学的现状与发展趋势

健美操的转体动作得到较大的提升，还可以有效地提升学生的速度和爆发力，使得健美操的高低冲击步以及动作力度得到较大的提升。

功能性训练是一种新的训练体系，对学生健美操动作质量的提高效果远远好于传统的训练方法，不仅可以提升学生的专项技术，而且可以在一定程度上减少学生的过度训练及错误训练方法产生的运动损伤。相比于传统的体能训练，功能性训练有很多优点，是对传统的体能训练的一种补充。本书建议体育教师与时俱进，多学习相关的理论与实践知识，将功能性训练应用到健美操的训练中。

健美操动作质量的提高是循序渐进且系统性的，应有针对性地制订符合学情的教学方案，以进一步提高学生的健美操动作质量。

（三）节奏感训练

1. 节奏感训练方面的研究

唐守彦、张旭在《论武术套路运动员音乐节奏感的培养》中指出，节奏是音乐的精髓，在武术的各个套路中，一切动作在练习中必须结合音乐的节奏，音乐节奏的选择要依据每个运动员的特点秉承着循序渐进的原则，让武术套路和音乐节奏完美结合，使武术运动员发挥最佳水平。

李芳在《技能主导类表现难美性项目运动员音乐欣赏能力培养的研究》中认为，在体育教学实践和运动训练中，技能主导类表现难美性项目运动员不仅需要掌握各种技巧，还需要对音乐有更深层次的认识，了解相关的乐理和音乐背景知识。她认为，多听不同种类、不同流派的音乐，不断加强运动员的文化艺术修养，是提高他们音乐欣赏能力的重要措施。

王进等在《体操难美项群制胜因素的研究》中对2001—2004年国际竞技体操、艺术体操、健美操规则进行研究，阐述了体操难美项群的共同特征，进一步阐述了"难"与"美"仍然是体操难美项群制胜的重要因素，音乐节奏与动作节奏配合协调一致，成套动作展现的艺术价值是取胜的关键，达到烘托气氛、感染观众的目的，使比赛和表演更具观赏性。

综上所述，随着越来越多的体育项目与音乐不断融合，节奏感培养的研究不再局限于音乐和艺术表演上，更多地体现在对表现难美性项目的体育项目的研究中，并逐渐受到人们的关注与重视。

2. 健美操节奏感教学方法的研究

范美丽、王守力在《浅谈健美操教学中节奏感的培养》中分别将掌握音乐节奏、相同的音乐配合不同的动作、相同的动作配合不同风格的音乐、观看健美操比赛四种培养节奏感的方法运用到教学中并进行了探讨。

石爱华在其《对健身健美操教学中乐感培养的探讨》一文，探讨了如何运用听、说、看、练和编五种教学方法来培养学生的音乐感，并指出这五种教学方法不仅可以提高学生的动作节奏感和协调性，还可以提高学生学习健美操的积极性。

何宗红在《高校健美操教学中音乐节奏感培养的实验研究》中通过多种研究方法，对教学中的音乐节奏感培养进行了研究，并提出了在学生实践练习中强化学生的节奏感，最后证明了加强音乐节奏感的培养对健美操教学效果的促进作用。

田琛在《健美操队员音乐节奏感的培养方法》中指出，培养健美操队员的音乐节奏感，在教学训练中多以音乐为背景，保证音乐的完整性和节奏感，在此基础上指导学生掌握正确的音乐节奏，与动作节奏相结合；训练方法上主要采用改变音乐节奏法、语言与手势提示训练法以及循序引导法等训练方法。

唐玲玲在《健美操教学方法的创新对提高教学效果的实验研究》中提出并运用了小群体学习法等多种教学方法，利用音像教学设施将音乐知识贯穿健美操教学，让学生多听不同风格的音乐，帮助学生理解健美操音乐的特征，培养音乐的感知能力，为健美操改进体育教学方法进行了比较有益的尝试。

3. 对健美操节奏感训练的建议

①教师作为教学活动的主导，在思想意识和教学方式等方面对学生的学习起到很大的作用。教师首先要认识到教学中节奏感培养的重要性，有重视学生音乐节奏感的培养意识，不断探索各种强化节奏感的训练方法并融入教学，才能提升学生的音乐节奏感。

②在健美操教学中应增加基础乐理知识的学习和有关健美操的视频欣赏，强化学生对健美操中音乐作用的认知和听音乐快速识别节拍的能力，从而提高学生的音乐节奏感水平。

③应根据不同年龄阶段学生的不同特点，在教学中采用多种方法和手段来提高学生的健美操节奏感，可以在课堂的准备部分、基础部分、结束部分增设不同类型的音乐的欣赏环节，在每个教学环节选择适当的教学方法，加强对学生节奏感的培养，使其掌握正确的音乐节奏，激发学生的内在情感和表现力，从而使动作与音乐完美地结合。

④学生节奏感的提高是一个循序渐进的过程，应该遵循学生认识的规律，按

照循序渐进的原则，由简单到复杂进行教学。学生要想提高节奏感，需要反复地实践练习才能逐步记忆动作、掌握动作，使音乐与动作的配合一致。

⑤目前，对健美操节奏的评价方面缺少标准的量化指标，应注重多种评价方法的结合，尽快建立一个完善统一的评价标准，这对提高健美操音乐节奏感的教学质量有重要意义。

（四）体适能训练

1. 体适能的概念

20世纪50年代，美国健康、体育、娱乐与舞蹈联盟制定出版的《国家青年适应能力测试手册》中首先使用"体适能"概念。我国接触"体适能"概念较晚。20世纪80年代，我国香港和台湾地区的运动生理学界较早对体适能进行了研究，并将其翻译为"体适能"。随着我国内地对青少年素质教育的逐渐重视，体适能论文发表数量递增。

学者们对体适能的理解因各国政治、经济、文化的差异而不同：在日本，体适能被称为"体力"；"工作能力"是德国对体适能的译法；法国将体适能称为"身体适应性"。我国对体适能的表述有很多种，比如体能、身体素质、体质、体适能等，我国发表的论文中较多使用的是"体质"，而近几年结合当前研究动态及发展趋势，我国学者逐渐认同"体适能"的译法。

美国运动医学会认为"体适能是机体在不过度疲劳的状态下，能以旺盛的精力愉快地从事日常工作和休闲活动，能从容地应对不可预测的紧急情况的能力"。维佳雅·拉克希米在《体适能》中将体适能定义为运动员在不疲劳的状态下达到各种身体需求的能力。

在我国，港台地区主要从两个层面理解体适能：第一层面是身体对生活、活动与环境的综合适应能力；第二层面是身体有面对生活并游刃有余地适应生活环境的综合能力。

我国学者对体适能的定义是"使每个人在各种不同的状况下，应该选择最合适自己需要的运动方式和运动量来增强自己的体能，以保持最佳的健康状态"。体适能应根据个人的实际情况及需求来获取或提高体能，从而达到或保持一种最佳的身体健康状态，并鼓励适量地运动。有学者认为体质是静态的身体质量的反应，而体适能是身体的一种适应能力。我国学者对体适能的概念进行了全面性、综合性、辨析性的研究，通过对体适能概念的形成与发展以及不同定义者对体适能的内涵和外延的概念比较，按照逻辑学常用的下定义原则，并结合汉语惯用语序，提出了体适能的概念，而此概念与世界卫生组织对体适能提出的概念基本一致，即"指身体有足够的活力和精神进行日常事务，而又不会过度疲倦，还有足够的精力享受余暇活动和应付突发的紧张事件的能力"。

综上所述，尽管各个国家和地区对体适能的表述有所不同，概念定义也不尽相同，但是可以从专家学者对体适能下的定义看出，他们对体适能的表述都有相同点，即体适能是身体适应能力的简称，它是体力和精力都保持良好的动态能力，人们可因人、因实际调整运动计划来保持、改善自我身体适应能力。

2. 体适能训练的优势

学生身体健康是培养健康国民的重要基础，也是教育的重要目标之一。进入21世纪，我国便开始了体育和健康课程的改革，虽然更加重视青少年的体育教育，但是收效甚微。早在20世纪80年代，美国便提出健康体适能教育计划，从学校方面着手改善学生的体质，即从教育教学方面入手，重视培养学生主动学习健康知识的意识，向其传输科学练习活动知识、改善身体机能的知识理念，使学生能够做到依据自身的基本特征，制订体育锻炼计划并根据锻炼效果进行自我检测，客观地、科学地解决问题，从而制订针对性的、长期的锻炼计划，并在学习的过程中养成良好的体育锻炼生活方式，养成积极的、乐观的、向上的生活观、学习观、锻炼观，进而帮助其树立终身体适能意识，从而增强其身体素质、控制体重以及缓解其他慢性疾病症状。

健美操因其美观性、娱乐性以及场地不受限性而深受学生喜爱，学生参与程度高，其有氧运动的锻炼效果也被人们广泛认可。将体适能训练和健美操教学相融合，有助于提高高校健美操的教学效果。

3. 对健美操体适能训练的建议

（1）科学统筹、据实融入体适能训练

在健美操教学中适当地融入体适能训练，对学生的体适能改善具有积极的作用，尤其是对心肺适能、肌肉适能和柔韧适能的改善较为明显。在健美操教学中融入体适能训练，能够使学生在健美操课上获得有效的训练刺激，促使学生在健康道路上越走越远。高校可鼓励体育教师在健美操和其他运动项目中适当融入体适能训练内容。

（2）鼓励运用网络信息管理平台

基于最佳体适能教育模式的体适能训练，通过线上线下相结合的方式进行教师"教"和学生"学"。一方面，教师和学生的沟通更为便捷，为理论知识传递增添途径；另一方面，学生获取知识更为便捷，体育学习兴趣易于提高，能够不断提升学生的自我学习能力，提高其体育锻炼参与水平，使其掌握健康生活的方式方法，树立终身体育的意识。应注重理论和实践的重要性，鼓励教师运用网络信息管理平台增加师生互动，培养学生的学习兴趣，鼓励学生在体育课堂之外养成乐于锻炼的习惯。

（3）高校体育教学要与时俱进

高校体育教学是一个不断探索、不断更新、不断实践的过程，教师要及时更新理论知识、专业技能、教学观念、教学方式方法和评价方式，以科学的教育促进学生健康成长。

（五）核心力量训练

1. 核心力量训练的概念

核心力量起源于国外的核心稳定性研究，后来国外学者把核心稳定性称为核心力量。弗里斯、格林两位学者认为核心稳定性是指脊柱周围的肌肉在运动时，脊柱能保持相对稳定的能力，而核心力量指的是肌肉在收缩和增加腹内压过程中产生力量的能力，核心力量与核心稳定性是有区别的。核心力量训练起初只应用在医疗和健康领域，作为一种康复性运动手段，可刺激人体核心区域骨骼肌生长。随着神经肌肉系统训练、本体感受性训练等不断发展，核心力量训练也被逐渐应用到体育运动项目中。

石玉虎认为，核心力量训练是针对核心区域骨骼肌的力量训练，可采用徒手或借助各种器材的方式进行，目的是增强运动员核心区域骨骼肌的力量，提升运动员的竞技水平。王润生、林华认为，核心力量训练是人体在三维运动空间中，结合生物力学、人体解剖学的特点，对核心肌群进行屈伸、旋转等复合性运动的练习。我国著名体能训练专家王卫星对"核心"的定义是"肩关节以下、髋关节和骨盆以上的区域，包括背部、腹部和骨盆的所有肌群，即腰椎－骨盆－髋关节整体部位"，并认为核心力量训练主要包括核心专门性力量训练和核心稳定性力量训练，核心稳定性力量训练是核心专门性力量训练的前提和基础，被称为力量训练的初级阶段，可以锻炼身体核心区域肌群的力量、平衡性、协调性和本体感觉等能力。

综上所述，核心力量训练是一种新兴的锻炼手段，主要应用于健身、医疗康复领域，国内学者对概念的定义大致相同，即核心力量训练是针对身体核心区域肌群进行力量、平衡性、协调性和本体感觉等能力的训练。

2. 核心力量训练对健美操的影响

①核心力量训练对学习健美操的大学生的动态平衡能力具有积极影响。与常规教学相比，核心力量训练使大学生左右支撑腿动态平衡的综合值显著提升。

②核心力量训练对学习健美操的大学生的自我控制总体水平具有积极影响。与常规教学相比，核心力量训练使大学生的自我控制总体水平显著提高。

③核心力量训练对学习健美操的大学生自我控制各维度的影响效果不一。与常规教学相比，核心力量训练使大学生冲动控制、健康习惯、专注工作维度的值的提升幅度显著，但抵制诱惑、节制娱乐维度的值的提升幅度无显著性效果。

3. 对健美操核心力量训练的建议

①核心力量训练与健美操项目相结合。有针对性地增加核心力量练习，提高大学生的身体素质，提升其身体平衡能力，促进健美操技术动作的完美完成。

②在健美操常规教学中，可通过增加核心力量训练，锻炼学生的意志品质，提高学生的自我控制能力，并用激励性、感染性的语言积极引导，提高学生的运动表现力，促进其身心健康发展。

③在健美操教学中因人而异设置难度适中的核心力量训练，调动学生的学习积极性，锻炼学生的情绪、行为自我控制力，培养健康行为习惯，做到知行合一，提升综合素质能力。

（六）踝关节稳定性训练

1. 对踝关节稳定性的研究

（1）踝关节稳定性的国内研究现状

踝关节周围存在着关节囊、韧带和肌腱等结缔组织，对内部结构稳定以及肢体正常活动具有重要意义。踝关节损伤后会导致这些结缔组织受损，产生输入障碍，降低神经感觉传输速度。而一些关于本体感觉训练对慢性踝关节不稳的作用的研究发现：踝关节损伤后进行本体感觉训练，不仅可以降低下次踝关节损伤发生的概率，还能增强踝关节部位肌肉和韧带的力量，提高踝关节稳定性。踝关节的损伤在生活中屡见不鲜。踝关节部位一般容易发生扭伤，这是由于骨骼之间的压缩和磨损以及肌腱和韧带的过度伸展而引起过度反复伸展、弯曲和扭转。另外，有较大可能患上慢性踝关节不稳的人群是因为没有及时警觉踝关节受损的问题或在损伤发生后没有采取相应的治疗手段，也没有对踝关节的康复训练予以重视。

王隽通过对下肢稳定性的研究发现，绝对力量的体现并不代表关节能保持稳定的特性。运动链相关理论表明，肌肉的力量、协调性、平衡性、稳定性的提高能促进关节稳定性的提高，从而进一步提高动作的有效性和身体的控制能力。

陈亚平等通过 meta 分析内容发现，相对于常规物理治疗干预或无干预，平衡训练可以有效改善踝关节不稳的自感不稳定，降低自感不稳的严重程度，同时可以提高踝关节不稳在动态内向偏移中的平衡稳定性。

李旭龙、纪仲秋通过研究发现，在进行 12 周健美操或太极拳练习后，在踝关节力矩测试中，健美操组跖屈力矩比太极拳组显著性明显，说明健美操训练能提高踝关节的稳定性。

在健美操动作的完成程度上，不同水平的健美操运动员之间的踝关节稳定性的差距也十分明显。例如，我国健美操运动员在完成紧凑、幅度大、变化多、节奏快的健美操基本步伐和难度动作时，身体的姿态不能自始至终维持稳定、平衡、规范，在对核心部位的控制上仍有不足，因而导致动作容易出现失误、扣分的情况。随着竞技健美操评分细则的变化，C 类、D 类难度动作在竞技健美操的评分中所占的比重逐渐提升，而提高踝关节的稳定性可以减少在难度动作上的失误，提高成套整体分数。

笔者在收集有关测量身体静态平衡能力的测试方法时发现，不少实验的结果表明慢性踝关节不稳者或踝关节受过损伤的人的实验数据较健康人群在静态平衡能力测评上明显不足。罗斯等人比对了功能性踝关节不稳患者与非功能性踝关节不稳患者的动静态平衡能力的测试结果，显示采取平衡测试仪中静态测试的各项指标检测静态平衡能力时，无论是静态还是动态测试的各项指标，非功能性踝关节不稳患者均明显优于功能性踝关节不稳患者，说明想要保持身体的平衡能力就要保证踝关节具有良好的稳定特性，所以加强踝关节稳定性对于加强身体的平衡能力具有一定效果。

（2）踝关节稳定性的国外研究现状

相关实验结果表明，踝关节无力与体位稳定性缺损无明显关联。他认为单凭力量测试不足以评估术前功能缺损，需要进行其他功能测试来测量体位稳定性，并表示除了加强锻炼外，本体感受训练必须是康复方案的组成部分。

有学者通过研究发现，感觉不稳定和肌肉松弛的个体与那些仅感知不稳定的个体相比表现出动态的姿势缺陷。肌肉松弛可能导致动态姿势稳定性的缺陷。

例如，芭蕾舞演员比一般人群有更高的脚踝扭伤风险。踝关节本体感觉对芭蕾舞演员来说非常重要。脚踝扭伤会导致功能能力的改变，从而影响芭蕾表演。博迪尼、布鲁诺等研究比较了踝关节损伤组健康足和病理足的标准单足姿势和两种芭蕾姿势，结果表明非专业芭蕾舞演员踝关节Ⅰ级损伤的病理足与健康足无明显差异，踝关节Ⅱ级扭伤似乎有良好的预后。这也为健美操运动员踝关节扭伤后进行良好预后提供了可能性。

目前，国外关于踝关节稳定性的研究领域热点主要集中在以平衡为中心和以不稳定性为中心，涵盖扭伤、姿势稳定性、姿态稳定性、本体感觉、踝关节不稳、踝关节骨折、肌肉力量、生物力学、三角肌韧带等方向。高频关键词的前十和高中心性关键词的前十位相比，没有明显变化，和国内高频关键词的不同之处在于，康复并没有成为国外研究的热点，国内实验对象大多是踝关节不稳的患者，倾向于通过踝关节稳定功能的增强来提高身体的稳定性。因此，国内的研究范围较小，理论与实践相分离使得具体应用不足，与国外研究之间仍有差距。

2. 对健美操踝关节稳定性训练的建议

在健美操专项训练中适当结合小器械进行训练，有助于调动学生训练的积极性，也能更有针对性地增加小肌肉群的训练。

在常规训练或康复训练的准备活动中加入踝关节本体感觉训练和阻力训练，可以更好地帮助学习健美操的学生提高踝关节稳定性，通过循序渐进的方法进一步提高身体平衡能力。

由于人体的平衡能力受很多因素的影响，包括视觉、本体感觉、前庭系统等，这些因素是不可控的，且测试过程中的数据差异较大，故在实际训练方法选择中也应结合学生的实际情况。

第三章　高校健美操教学的基本理论

明确健美操教学的内容、任务及原则，选择恰当的教学方法，合理规划设计健美操教学的课程，有利于加快学生掌握健美操运动技能的速度，增进师生之间的交流，从而达到在有限的教学时数内最大限度地提高健美操教学质量的目的。本章分为高校健美操教学的内容与任务、高校健美操教学的原则与方法、高校健美操教学课程的组织与实施三部分。

第一节　高校健美操教学的内容与任务

一、高校健美操教学的内容

教学内容是指学校所开设的教学科目的知识体系，即学校给学生传授的知识和技能、灌输的思想和观点、培养的习惯和行为的总和。体育教学内容是指依据体育教学目标选择的、根据学生发展需要和教学条件进行加工的、在体育教学环境下传授给学生的体育知识原理、运动技术和比赛方法等。

综合上述对教学内容、体育教学内容的定义，本书也可以给高校健美操教学内容进行一个明确的界定：依据体育教学目标，结合学生发展需要和学校教学条件，传授给学生的健美操动作技术和理论知识、体育思想以及观点、健美操锻炼习惯等。健美操的实践教学是健美操教学的主要内容，也是这门课程的重点，学生通过学习来提高心率和肺活量，而对实践教学内容的学习是学生日常锻炼的一种方式，所以实践教学内容的选择也影响着学生的兴趣，课程大纲和教材里都对实践教学内容做了明确要求。

依据健美操内容的特点，可将其分为以下四个方面。

(一) 理论内容

体育是人类文化的重要组成部分，它包含丰富多样的理论知识，如解剖学、生理学、心理学、保健学和多项运动项目理论等方面。通过理论知识的学习，学生的体育知识视野得到拓宽，体育与健康的知识和方法得以掌握，从而理解体育的本质，获得身体锻炼的科学方法和养成终身体育学习的意识。

实践活动的开展需要大量理论知识的支撑，二者不可分割，相辅相成。理论知识是高校健美操教学内容的重要组成部分，只有通过健美操教学理论知识的学习，学生的认知能力才能提高，学生才能运用理论有效指导实践活动。

1. 健美操概述

这部分内容包括健美操的起源与发展、分类与特点、意义与功能。健美操概述主要是为了让学生对健美操运动形成初步的认识和了解，健美操的意义与功能在于让学生明确健美操运动对人体身心各方面所起到的作用和积极影响，使学生了解到健美操运动不仅有锻炼身体、增强体质等生理功能，还具有发展个性、培养意志品质等心理功能，从而使学生对健美操运动乃至体育运动形成正确的认识，增强他们的体育锻炼意识。

2. 健美操基本动作

这部分内容包括基本术语、基本动作、基本技术。在经济、科学迅速发展的 21 世纪，知识总量呈现"大爆炸"的状态，知识的更新速度加快，旧的知识也在被一步步淘汰。但是技术性、应用性知识与基础性、原理性知识的增加和被淘汰的速度是不同的，前者增加较快，淘汰也较快，我们称为"短半衰期知识"，后者增加较慢，淘汰也较慢，称为"长半衰期知识"。

长半衰期知识不仅是接受短半衰期知识的前提，也是学生学习新知识的基础。基本动作是学习健美操的基础，健美操成套动作是由基本动作连接而成的，与之相应的理论知识也属于基础性知识，它们既难改变又能在实践课中帮助学生快速理解并记忆教师所授内容，因此，学生首先需要掌握健美操运动的基础性、原理性知识，从而为今后的健美操学习奠定基础。

3. 健美操音乐

这部分内容包括音乐常识和种类。音乐是健美操的灵魂，在健美操教学和比赛中，音乐贯穿始终，是健美操不可或缺的重要组成部分。音乐基础知识的教学是健美操课程中不可或缺的一项内容，它既能调动学生的积极性，活跃课堂气氛，又能提高学生的肢体表达能力，提高健美操动作的艺术性和观赏性，也有助于学生合理掌握"力"的运用，达到准确记忆并自如地完成动作的目的。

在比赛中，动作的展示都伴随着音乐，并与音乐的节奏、旋律协调一致，成为一个和谐完美的整体，同时裁判也会对参赛者在音乐伴奏中出现的漏拍、错拍等行为进行相应扣分，这正体现了音乐与健美操之间的密切联系，也凸显了音乐在健美操中的重要作用。

4. 健美操赏析

这部分内容包括动作赏析和音乐赏析、特点介绍。健美操发展至今，已经形成众多风格形式，融合了舞蹈、武术、搏击运动等多种动作元素和中国风、嘻哈、摇滚、民乐等多种音乐元素。但多数大学生仍然持有"健美操像阿姨们跳的广场舞"的想法，男生持有"健美操只属于女性"的刻板印象，因此，通过不同风格形式的健美操、音乐赏析和特点介绍，将丰富多样的健美操运动形式通过多种途径展现给学生，改变学生的固有印象，使学生产生视觉上的冲击与听觉上的享受，使其耳目一新。同时，健美操赏析既能在很大程度上调动学生的学习积极性，也能切实有效地提高学生的审美情趣。

5. 健美操创编

这部分内容包括健美操创编的指导思想、原则与方法。完成健美操的完美创编，必须遵循其创编原则，在掌握动作特点和规律以及一定动作储备的基础上，把零散的基础动作组织创造成完整的健美操套路动作。

随着知识更新周期的缩短和淘汰速度的加快，为适应未来社会的发展，学生必须在有限的大学期间掌握大量未来工作实践可能需要的知识，培养终身学习能力、自学能力和创新能力。因此，现代教育要求教师在教学过程中不但要让学生掌握知识，让他们"学会"，而且要让他们"会学"，并理解知识、技能发生发展的过程。"授人以鱼不如授人以渔"，单纯的动作教学远不能满足学生的需求，掌握健美操创编的基础原理与方法、提高创编能力是学生运用健美操技术的体现，因而创编是健美操教学的重要内容。

6. 健美操竞赛规则

这部分内容包括健美操评判内容与评判标准。健美操竞赛规则的目的是使比赛更加规范，并进一步促进健美操运动的发展。健美操教学内容体系的实施对象是大学生，因此，教师可以对健美操竞赛规则部分的内容进行删减，通过向学生介绍现行的健美操竞赛规则的评判内容与评判标准，使他们了解影响比赛得失分的因素，促使他们在技术动作练习中注重自己动作的规范性，也能让他们更为专业地欣赏与评价健美操比赛，从"看热闹"转变为"看门道"。

7. 健美操卫生与健康

这部分内容包括健美操的科学锻炼方法、健美操的常见运动损伤与预防方法、健美操运动负荷的选择和自我监测方法。自 2010 年《国家中长期教育改革和发展规划纲要（2010—2020 年）》颁布以来，"健康"成为一个热词，这不仅与国家政策的推动有关，更反映出人们对健康问题越来越关注。在健美操教学内容之中融入卫生与健康知识后，人们更加重视培养学生的健康意识和终身体育观念，提高学生的健美操运动参与度。学生通过对这部分内容的学习，不仅能够达到强身健体的目的、掌握科学的健身方法，还能够运用相关理论知识对自身进行健康评定，同时依据自身体质情况，选择合适的运动负荷，并且在运动时对身体状态进行自我监测，实现科学锻炼的目的。

8. 健美操的学法指导

现阶段的健美操课程和传统课程相比，增加了培养学生能力的实践内容，即在看重运动技术内容的同时，也要重视健美操学习方法的教学。学法指导是指引导学生习得知识、培养能力、实现学习目的的手段、途径和方式等，其具体内容可以分为以下三项：一是学习方法的示范，即教师亲自示范科学的学法；二是学习过程的指点，即教师将"教"转变为引导学生"学"的过程，实现学生从感知到应用；三是学习规律的揭示，即在教师的指导下，学生可以进行自主学习。简而言之，健美操的学法指导的本质是培养学生形成终身体育能力的过程，这一过程是将健美操教学从"重结果"转变为"重过程"。

健美操理论课内容的制定是为了让学生全面了解健美操运动，提高学生对健美操理论知识的掌握，帮助学生运用健美操知识指导实践锻炼活动。

（二）操化内容

操化内容主要是健美操套路的规定动作，如大众健美操一级、大学生健美操规定套路、大学生啦啦操规定套路等操化动作。另外，操化内容还包括教师与学生自己创编的健美操动作或组合，这里更多的是发挥学生主动参与和创新的能力。

第三章 高校健美操教学的基本理论

（三）技能、技术内容

1. 技能内容

"运动技能"是指人体在运动中掌握和有效地完成专门动作的能力。林崇德在《心理学大词典》中将运动技能分为初级操作技能和高级操作技能两类。初级操作技能是指通过一定练习或模仿形成的仍带有明显意识控制特点的技能，高级操作技能则指经过反复练习使其基本成分达到自动化水平的技能。

高校健美操课程基本上教授的是大众健美操，虽然动作不是很复杂，但涉及技术动作的方方面面。针对大众健美操运动技能的时间形成顺序以及初级和高级技能之分，结合健美操教学内容的特点和考核方式，本书将运动技能分为健美操基本技能和健美操成套技能两部分。基本技能是基础，涉及基本手臂动作和步伐；成套技能是指完成一个成熟套路展示时需要掌握的综合运动技能。

（1）基本技能

基本技能是指学生进一步掌握健美操复杂技术的基础技能。本书将健美操项目中的基本技能归纳为健美操手臂基本动作、健美操基本步伐和单个技术动作组合能力。本书综合考查了学生的上肢动作、下肢动作以及上下肢动作的相互配合能力后认为，大众健美操手臂基本动作包括摆动、举（上举、下举、侧举、侧上举、侧下举等）、屈伸（胸前上屈、胸前平屈、肩侧上屈等）、绕和绕环等。大众健美操基本步伐根据人体运动时对地面的冲击力大小可分为三种类型：无冲击步伐（半蹲、弓步等）、低冲击步伐（踏步、一字步、V字步、漫步、并步、交叉步、点地等）、高冲击步伐（开合跳、弓步跳、小马跳等）。单个技术动作组合能力是指单个手臂动作和基本步伐组合在一起的简单动作组合。

（2）成套技能

高校都会在期末考试时，以小组编排的形式考查学生健美操套路的掌握情况。在高校健美操教学中，成套技能主要包括动作力度、动作幅度、动作与音乐的一致性、成套动作的熟练度、成套动作的准确性、团队配合的整齐度、队形创编能力以及艺术表现力。

2. 技术内容

技术内容作为体育教学内容中的主体，是实现教学目标的最基本要求。

（1）塑造形体，培养姿态

健美操属于肢体表演项目，形体训练不仅能够塑造形体，帮助练习者寻找艺术美感，而且能够将人内心的情感和思想凝结为形象的肢体语言来进行表达，实现身心的高度统一。芭蕾基础训练包括四大要素——开、绷、直、立，这与健美操的技术要求相一致，并积极影响了学生审美能力的培养、技术动作的规范，因此，芭蕾基础训练作为形体训练的内容对大学生的健美操学习具有非常重要的意义。

笔者通过调查发现，大多数学生在大学前没有任何健美操等相关运动项目的锻炼经验，身体的灵活性和协调性较差，而健美操动作需要人体各部位动作协调配合来完成，且随着不同舞蹈风格元素的加入，对身体协调和控制等能力的要求不断提高，要使动作既规范和谐又优美流畅，没有一定的基本功是很难做到的。

因此，在选择教学内容时应加入芭蕾基础训练，它分为地面动作练习、把杆练习、中间练习三个部分。地面动作练习可以在学生接触复杂动作练习前，充分地活动学生身体各部位，使肌肉保持良好的血液循环；把杆练习能提高学生的肌肉控制能力，提高腿部动作的规范性和柔韧性，同时提高学生动作的韵律感；中间动作是把杆练习的发展，通过多种优美的身姿动作组合练习，进一步提高学生的肢体控制能力和动作协调能力。

（2）感知身体，正确控制

实践证明，本体感知觉的好坏是决定学生健美操技术掌握与否的关键。学生通过正确的感知觉练习，能够深刻体会健美操姿态在标准状态下的肌肉感觉；学生通过自我控制、反复练习，能够逐渐形成正确的肌肉记忆，并养成习惯，从而形成正确的动力定型。

建立良好的本体感知觉是健美操技术教学的重要环节。通过这一练习既能培养学生良好的体态，提高学生动作的美观性，又能增强学生的体质，锻炼学生的意志，因此将身体各部位感知觉练习作为健美操教学内容是必不可少的。身体各部位感知觉练习包括头部、上肢、胸腰、下肢部位的感知练习，通过各部位屈伸、绕环、控制练习，帮助学生更好地感知身体的各个部位在做出不同动作时的发力与姿态，从而形成良好的本体感知觉。

（3）调理身心，重视恢复

运动恢复的意义在于身心放松，对疲劳的身体各部位进行调理，使学生运动后迅速恢复精力。运动恢复包括身体各部位肌肉和关节的伸展牵拉，是指将静息状态的肌肉组织进行拉伸，可以在健美操练习结束后缓解学生因乳酸堆积而出现的肌肉不适感，加快乳酸代谢，提高身体恢复速度。

另外，学生进行健美操练习后，由于代谢产物的累积，可能导致部分学生，尤其是初学者由于肌纤维收缩过多且得不到完全放松，引起局部痉挛，故在整理活动中加入一些局部和全身的肌肉伸展牵拉练习，可以避免肌肉的不良反应，同时肌纤维拉长、变细可以塑造优美的肌肉线条。

（4）稳扎基础，把握核心

在健美操运动中，基本动作是健美操中必不可少和核心的组成部分，它包括基本姿态、基本步伐、基本手型、基本技术等内容。基本动作的熟练掌握是完成成套健美操动作的基础，各种形式的健美操组合都是在基本动作的基础上发展变化的。在学习健美操的初期，也就是在基本动作的学习过程中，多数教师会采用一些自编或已有的基本动作组合进行教学，将零散的单个动作编排成完整的动作组合，配上合适的音乐，使学生通过基本动作组合的学习，掌握正确的动作规格，并建立良好的身体姿态及本体感知觉，同时体验到体育锻炼的乐趣与健美操运动的魅力。

（5）循序渐进，由易入难

丰富的健美操套路动作是学生健美操学习最多也是最主要的一部分，根据学生的实际情况以及学校的实际条件选学成套健美操或学习教师自编的健美操，能够达到让学生掌握不同形式的健美操套路的目的。健美操基础套路多以32拍为单元进行动作编排，遵循左右对称的原则，平衡发展人体协调性，且动作符合体操动作规格，强调规范性，时尚元素较少，简单易学。

《全国健美操大众锻炼标准》是由国家体育总局推出的一系列套路规定动作，因其动作科学、注重有氧锻炼、动作连接流畅深受师生的好评，各高校都将其列为健美操教学的主要内容。《系列校园青春健身操》、2017《全国校园健身操规定套路》、2017《全国校园踏板操规定套路》等都属于健身性健美操范畴，对学生形成正确的动作规范具有重要作用，也是全国全民健身操舞大赛等大型健美操赛事都设置了的普通院校组比赛套路，具有广泛性和代表性。

（6）改革创新，跟随时代

随着健美操项目多方面研究的日益深入以及全民健身需求的不断提升，在原有的健身操基础上不断衍生了各种各样的健身形式。例如，结合了拉丁舞蹈动作的拉丁健身操，热情四射的拉丁音乐，拉丁舞的美感与健身的力量相结合，充分展现了拉丁舞奔放热烈的特点；街舞健身操在街舞的音乐、动作符合健美操规范的基础上，动作更加轻松、随意、自由，与那种中规中矩的操化动作相比，更强调个体性格和活力的展现；搏击健身操以空手道、跆拳道、拳击等搏击运动为基础融合健美操基本动作，伴随有力的旋律，形成独具风格的别样健身方式。时尚

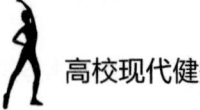

健身操是健美操与多元艺术要素的融合，兼具健身性、观赏性与娱乐性，它的加入不仅丰富了健美操教学内容，让学生的选择范围变得更广，而且满足了学生求新、求美、求特色的需求，培养了他们的想象力和审美情趣，其倡导的休闲、健身、自娱自乐的理念也能让人们在繁忙的学习工作之余放松身心，释放不良情绪。同时，时尚健身操的动作形式多样化，节奏可快可慢，强度也可大可小，适合各类人群进行练习，并且人们都能从中获得快乐。而时下健身房较为流行的有氧瑜伽、普拉提、尊巴、莱美健身操可作为补充和辅助内容，这样既满足了学生当下的要求，又使得教学内容跟上社会潮流，满足了学生未来生活的发展需求，使学生在大学体育课程结束之后能直接参与社会体育活动，并融入社会。

（7）继承传统，与时俱进

2014年，教育部印发的《完善中华优秀传统文化教育指导纲要》中提到，中华民族传统文化的教育对培养学生良好的思想道德和行为习惯具有积极作用，是落实立德树人根本任务的基础，因此要在课程建设和课程标准修订中增加中华优秀传统文化内容。民族健身操以回族、维吾尔族、苗族、藏族、傣族等20多个民族中典型的舞蹈、音乐等特色元素作为素材，将民族舞蹈的柔美与健美操的力度合理地结合在一起，实现了民族传统文化内容与现代健身形式的完美融合。高校可以将2016《全国民族健身操规定套路》之藏族、傣族设置为健美操教学内容，一方面，因为它们是全国全民健身操舞等多个大赛中的规定套路，并且分别代表了南、北方民族不同的文化风格；另一方面，学生通过民族健身操的学习能够从不同的角度感受不同的民族文化特色，从而更加全面准确地认识中华民族的历史传统、文化积淀，对传承和弘扬中华民族传统文化具有重要作用。

（四）练习内容

练习内容主要是提高学生身体素质的练习。对于初级水平的学生，他们刚步入大学，没有学业压力，身体素质练习主要围绕健美操运动所需要的力量素质进行安排；对于高水平的学生，教师应结合健美操和体育考试所需要的力量素质来安排身体素质练习。

教师在进行健美操教学活动时选择的内容应主要偏向于理论内容和操化内容，这是学习健美操的基础，基础打好了知识才能稳固。对于技能技巧的练习，教师可以选择支撑类、简单跳跃类等动作，这些动作对场地要求不高，能够避免学生受伤。

二、高校健美操教学的任务

教学内容是具体化的教学任务，教学任务直接制约着教学内容的选择。高校健美操教学是高校实施素质教育和培养全面发展的人才的重要途径，是高校体育教学体系的重要组成部分。

以高校体育教学的任务为依据确立的健美操教学任务主要为以下几点。

第一，以使学生养成终身运动的习惯为最终任务，培养学生正确的审美观，提高学生对形体美、动作美、气质美及表现美的鉴别能力与评价能力，使其具有一定的体育欣赏能力。

第二，以培养学生的运动能力为主要任务，使学生掌握健美操基本技术和技能并熟练运用，有效发展学生的身体协调性，为其形成终身体育的意识打下坚实基础。

第三，培养学生良好的运动行为习惯，使其掌握健美操科学锻炼方法和卫生健康知识，合理选择适宜的运动负荷并能够进行简单的自我监测，最终形成健康的生活方式。

第四，端正学生对体育运动的看法，使学生通过对健美操的学习，塑造良好体态，培养韵律感，提高审美品位，使其精神蓬勃和心态积极。

第五，通过健美操学习和身体素质训练来锻炼学生的意志品质，发展学生的与人交往能力和团队协作能力，使其树立正确的体育竞赛观。

第二节　高校健美操教学的原则与方法

一、高校健美操教学的原则

体育教学原则是体育教学过程客观规律的反映，是长期的体育教学实践经验的总结和概括，对体育教学活动具有普遍的指导意义。在健美操教学过程中，应根据健美操的特点，正确贯彻与运用体育教学中的各项基本原则。

（一）自觉积极性原则

自觉积极性原则是指在教学过程中，不断使学生明确学习目的，启发引导学生自觉积极地完成学习任务。

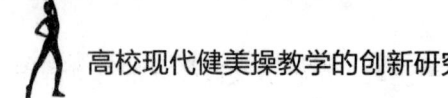

自觉积极性原则是由健美操教学过程中教与学的双边活动的特点决定的。在健美操的教学过程中，教师要起主导作用，但"教"是为了"学"，学生是学习的主体，学生掌握知识、技术、技能，发展身体是一个能动的过程，需要学生积极思考和反复练习，没有学生的自觉性是不行的。因此，教师的主导作用就是要调动学生的自觉性和积极性，只有这样才能加快教学进度，完成教学任务。

（二）循序渐进原则

循序渐进原则要求教学内容、教学方法、练习负荷具有科学性和系统性，必须反映当代体育科学技术和健美操学科的发展水平，以体育基础理论为指导，并广泛运用"边缘科学"的理论。在健美操教学内容、教学顺序上要进行科学的安排，逐步深化，同时在运动量及能力培养上也应遵循循序渐进原则。贯彻此原则应注意以下两点。

第一，教学步骤一般应遵循由简到繁、由易到难，由原地练习到移动的练习，由单个动作到单节操再到成套操，音乐节拍由慢节奏到正常节奏这样一个循序渐进的过程。

第二，运动量安排应由小到大，小、中、大相结合，使其按照"适应-加大-再适应-再加大"的顺序有节奏地螺旋式上升。练习量必须根据学生的素质水平、技术水平及接受能力等实际情况安排，不能操之过急，违背循序渐进原则。

（三）全面发展原则

人体各部位、各器官系统、各种身体素质是相互联系、相互制约的。健美操的特点在于自然、协调、健美地运动，对全面提高身体素质有积极的作用。因此，在教学中应重视学生身体的全面发展，促进其掌握各种动作技术，保证教学任务的顺利完成。贯彻此原则应注意以下几点。

第一，在制订教学计划时，应注意各类动作的搭配，使学生身体得到全面发展。

第二，在安排每次教学课的内容时，应注意在动作的性质、形式、运动量及素质等方面的合理性，使学生身体各部位及各种素质都能受到全面锻炼。

第三，考核项目和内容的确定，要考虑全面发展身体的因素，使学生通过考核的同时也能获得身体机能的全面锻炼。

二、高校健美操教学的方法

在不同的时期，受多种因素的影响，人们对教学方法的定义也不一样。这里引用李秉德教授的定义："教学方法指的是师生之间在教学过程中为实现教学目标和计划而采用的方法。"其中包含教师的教和学生的学，将教授和学习融为一体。而健美操教学方法是指在健美操教学中，教师为了完成健美操教学任务、提高教学质量所采用的措施和方法。教学方法是根据教学内容、任务及学生的特点等来选用的，所以，健美操教学方法的合理使用是教师完成教学任务，学生掌握动作技术、技能的前提和保证。

（一）联想记忆法

1. 联想记忆法的概念

联想是一种思维活动，是通过某个人、某个事物、某个概念回忆起其他人、其他事物或其他概念的思维活动。联想记忆法是在原事物的特征上与已知事物形成联想的记忆方法，此方法将空洞乏味的硬性知识转化为形象、更易理解的信息，以加深记忆内容，提高效率的同时还能开发右脑，引导学生建立属于自己的学习方式，增强思维，提高学习能力。

提坤通过对中文词汇记忆的研究得出，联想记忆法是通过事物的特性来建立联系的一种记忆方法，记忆的关键是调用而不是保存，联想可以把储存的记忆唤醒，并与所记忆的东西进行串联。

白芳认为，将联想记忆法运用到英语单词的教学中，应该在单词与单词之间建立关联，这样可以使学生举一反三，大大提高学习效率。相比于古板的记忆方法，联想记忆法在很大程度上克服了每位学生在学习时的通病——遗忘。人类是具有想象力的生物，但从什么角度联想是非常重要的，据此可将联想分为词义联想、词性联想等。

王姝认为联想记忆法是记忆思维，简而言之，是人脑受到刺激后产生的思维活动。在事物之间，具有相似、贴近、相对属性的都容易产生联想，因此联想的方式方法对加深记忆是非常有效的一种方式。

在朱贝丽的研究中，舞蹈动作联想记忆指已学习过的动作是接下来要学习的动作内容的基础，学生对舞蹈动作的学习都是有意记忆。联想记忆是在脑海中回想或想象出与学习内容相关联的且是大脑主体所熟悉的画面或事物，从而使学习的内容记忆更加深刻。

2. 联想记忆法的作用

记忆的主要职能之一,是在有关联的事物之间建立联系,而联想的内容与联想主体越贴切,相关事物之间的联系就越紧密。联想记忆法是利用学习对象内部各部分之间、客观事物之间、已知事物与未知事物之间的联系来记忆的。联想记忆法在促进人们记忆的同时还存在许多优势。

提坤通过研究联想记忆法得出,联想记忆法在记忆内容的数量、时间的持久性和记忆的效率等诸多方面,相较于普通记忆方法具有很大的优势,而且对于开发大脑能力有着重要意义。

李皖、范星冉通过在实际教学中运用联想记忆法得出,如果学生掌握联想记忆法,将会对学生记忆知识的速度有明显帮助,同时,联想记忆法对开发学生的右脑有明显效果,对提高记忆力也是行之有效的训练方法。

3. 联想记忆法的分类

联想记忆法经过长期发展,逐渐被应用到其他学科的教学过程中。根据不同的记忆方法,联想记忆法可以分为以下6种。

①接近联想法:又称为邻近联想法,是指在时间或空间上互相接近的事物之间形成联想的记忆方法。

②对比联想法:依据事物之间的明显对立的性质或特点加以联想的记忆方法。

③相似联想法:根据事物之间在性质、规律、结构等方面的相似之处而建立的记忆方法。

④奇特联想法:指利用离奇古怪的方法,把琐碎的知识串联起来,在大脑中形成一连串的事物的记忆方法。

⑤形象联想法:指把所要记忆的材料与具体的数字、事物、字母等联系在一起,借助形象思维加以记忆的方法。

⑥从属联想法:指根据事物之间的因果、从属、并列等关系增强知识凝聚的记忆方法。

4. 联想记忆法在健美操教学中的应用

(1) 主要作用

第一,联想记忆法与传统教学法均能够通过不同的方式提高大学生的身体素质,使学生的坐位体前屈、1分钟仰卧起坐和800米跑等体育成绩明显提高。

第二，联想记忆法能够提高大学生的自主探究能力、运动参与度和对健美操的关注度，从整体上可以提高大学生学习健美操的兴趣。

第三，联想记忆法能够通过降低动作正确性、动作不熟练、漏做动作、身体协调性、动作连接、改变或附加动作等方面的扣分，促进大学生健美操成套动作成绩的提高。

（2）相关建议

第一，教师在教学中运用联想记忆法时，在保证学生课上运动量的前提下，还需要培养学生终身体育的观念，关注学生在课余时间的锻炼时长、效率及强度等因素。此外，在促进学生身体素质提高方面，联想记忆法与传统教学法的效果基本一致，故可以将联想记忆法运用到学习动作的课堂环节中。

第二，教师在教学中运用联想记忆法时，应关注学生在学习健美操动作时心理层面的变化，保证联想内容符合教学内容，增加联想内容的趣味性，培养学生的发散性思维，调动学生的学习积极性及主观能动性。

第三，从正式运用联想记忆法后学生的健美操成绩来看，在大学生健美操教学中运用联想记忆法是可行的，此教学方法更能让学生接受，因此本书建议在运用传统教学法的基础上推动联想记忆法在高校健美操教学中的运用。

此外，教师在健美操教学中运用联想记忆法时，要关注教学内容的联想，不同的健美操动作采用不同的联想方式及联想内容；要关注学生学习过程中的反馈，根据反馈对联想内容进行适当调整；也可以调动学生参与联想，让学生改编联想内容。

（二）契约学习法

1. 契约学习法概述

（1）契约学习法的概念

20世纪七八十年代，教育界对契约学习法进行了探究。诺尔斯女士对成人契约学习法做出定义：以协议学习为载体，施教者与被教者通过协商协定学习契约文书，有针对性地帮助被教者组织和实施学习活动的手段。以高等教育为研究背景的伯特对契约学习法做出定义：学生与教师之间达成书面承诺，对学生的特定工作量给予奖励或相应学分。这一定义与现在的契约学习法比较接近。之后汤普金斯等对契约学习法做出的定义强调自我决定、学习者、学习目标这三个维度之间具有相互关系，他们认为契约学习是不间断的、具有连续性的，通过教师与

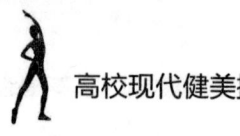

学生的不断协商，一起达成学习目标。还有一些学者认为契约学习法是一种评价学生学习效果的工具，也可以作为学习的整合机制。学术界较为认同的一种定义为：契约学习法是一种教师与学生之间通过协商讨论后制订个性化学习计划，并通过书面形式进行履行的条例。经过不断探索以及研究，契约学习法已经被作为成人学习的一种重要教学方式而被人们广泛接受。所谓契约学习法，其实是一种将学生的个体差异与自我导向完美结合的学习过程，其含义是学生可以根据自己的条件与他人合作或独立完成目标，自觉履行契约书上的内容进行学习以达到目标的学习效果。国内外各种成人及高等教育机构对契约学习法的关注度日益提升。我国学者根据我国教育特征及现状对契约学习法进行了系统的研究。其中一些学者将契约学习法定义为：教师根据学生的个性差异，与学生一起研究、商讨、制订学习计划和方法，学生根据制定的目标履行契约以达到最终效果。另外一些学者把契约学习法理解成运用学习契约的方式，师生共同参与，组织具有个性化的教学活动，共同制订学习计划以达到目标的方法。

（2）契约学习法的特点

①因人而异，教学内容具有个性化。在学习过程中，由于学生的个体差异，学生的接受程度是不一样的。契约学习法使师生一起参与到整个教学活动中，每个学生都根据自己的实际情况，与教师商量讨论制定出一个适当的学习目标，这满足了学生的个性化需求。个性化就是不同学生有各自不同的标准，学习目标也不相同。在学习过程中，学生根据自己的实际情况来确定自己的学习目标、学习方式以及学习阶段。在履行契约时，学生也可根据自己的情况确定学习时间、学习方式以及学习地点。

②师生共同参与的教学模式。在使用契约学习法进行教学的过程中，不再是教师一味地讲授知识、学生只负责接受知识，而是突出以学生为主体。学生可根据自己的不同情况参与学习计划的制订，享有参与的权利。教师主要起引导的作用，根据学生个体差异，协助他们完成契约计划的制订，让学生在学习中发挥自己的主观能动性。师生在经过不断的交流与讨论后，课堂氛围变得和谐，师生关系也更融洽，教师对学生有了更深入的了解，对于学生制订的契约计划给出的意见也更贴合。当契约签订后，师生都要对自己的承诺承担责任。

③学习过程自觉主动性的教学特征。契约学习法把学习的主动权交还给学生，根据在课堂中学习的内容要求，学生可以自主安排学习计划，比如怎样制订学习计划、怎样分配学习时间、如何寻找学习资源、如何找到一种适合自己的学习策略、怎么向他人寻求帮助、如何监控自己的学习行为、怎么评价自己的学习

表现等。在契约学习中，学生应该从实际出发，根据实际情况与自己的需求监督察看自己的学习效果，调整和完善学习计划，从而让契约学习变得更高效，使自己的运动技能得到提升，对体育的学习产生浓厚兴趣。在完成自己制订的学习计划或达到设想目标时，学生可以选择性地扩充一些技能与知识，最后对自己的契约学习结果做出合理的评价。

2. 在健美操教学中融入契约学习法的优势

在健美操课程中采用契约学习法进行教学，能够使学生的健美操技能水平得到非常显著的提高；能够使学生的自主探究学习能力和对体育的关注度、参与程度等都有所提高，从而促使学生的体育学习兴趣大幅度提高；能够使学生的自信心逐渐增强，自我效能显著提升。

3. 在健美操教学中融入契约学习法的建议

契约学习法能够使学生的身体素质得到提升，但是在进行契约书制定时，需要学生主动参与并策划，在此之前，笔者建议对学生进行身体素质测试，让学生对自己的成绩有所了解。

在健美操课程中采用契约学习法，应以实际情况为标准，根据学生的实际表现进行目标的设置，在教学实践过程中及时进行修改与补充，使契约书更加完善。

教师与学生在制定契约学习目标时可以根据个体差异制定符合学生能力的目标。目标制定不能超出学生的能力范围太多，否则不能达到提高他们体育锻炼的兴趣的目的，学生的自主探究能力也会随之下降。适合又具有些许挑战的目标才能促使学生更关注体育锻炼，使其对体育学习的兴趣变得更浓厚，更愿意进行体育锻炼。

将契约学习法运用到健美操课程中，能够增强学生的自信心，本书建议将这一方法运用到更多学科中，但是要根据学科的具体情况进行选择，并不是所有科目都能采用此方法进行教学。

（三）翻转—跟踪教学法

1. 翻转—跟踪教学法的概念

翻转课堂也可译为颠倒课堂，是指重新调整课堂内外的时间，将学习的决定权交给学生，课前学生对即将学习的知识进行预习，在家完成学习，而课堂上节省下来的时间让学生与教师以及学生与学生之间进行各种互动，讨论知识的难点、知识的运用等问题。

跟踪有紧紧追赶、追随的意思，就是在别人不知晓的情况下进行跟踪、监视。跟踪教学法是指教师对学生的课下学习时间进行监督，主要利用拍摄视频作业的方式跟踪学生的课下学习情况，从而培养学生的自主学习能力。

翻转—跟踪教学法是翻转课堂与跟踪教学法相结合的新型教学法，即课前教师将提前录制好的教学视频发送给学生，学生提前进行预习，教师将线上与线下相结合对学生进行教学辅导与纠错，课后学生自主复习，将本堂课学习的内容拍摄成视频发送给教师，完成作业，教师对作业进行批改、指导及纠错。在健美操中运用翻转—跟踪教学法，学生课前自主学习模仿视频里的动作，主要是让学生提前了解健美操的动作方位、上肢和下肢的动作以及手脚的配合等。

2. 翻转—跟踪教学法在健美操教学中的应用

（1）主要作用

第一，翻转—跟踪教学法能提高学生的学习能力。学习能力就是学习的方法与技巧，是所有能力的基础，也是学生成功完成学习目的所必需的个性心理特征。学习能力的高低一般与教学过程有一定的关系，学生的学习能力与平时的知识储备、学习环境、教学方法都有一定的关系。

翻转—跟踪教学法要求教师在课前发送视频到班级群，让学生提前预习，学生在刚开始时没有提前预习的习惯，经过一段时间的监督、跟踪，学生会主动在课前预习所要学习的内容。在课堂上，教师会着重对重点和难点进行讲解，与学生进行交流互动，因此学生与教师的关系更加亲近，课堂气氛和谐、融洽，学生在遇到难题时就会主动地跟教师进行沟通，学习的主动性大幅度提升。在课后，教师会给学生布置作业，学生需要将健美操录制成小视频发送给教师，因此学生就会在课下进行练习，录制最好的视频发送给教师；教师会对学生的学习情况进行跟踪，对学生的作业进行批改，对错误动作进行纠正，对于不合格的视频会督促学生反复练习并重新录制，所以学生在课下不仅会认真练习，还会按时完成作业。

第二，翻转—跟踪教学法比常规教学法在提高学生的人际交往能力方面的效果更加显著。在课堂教学中，人际关系主要分为两种：一种是生生之间的关系；另一种是学生与教师之间的关系。在健美操课堂中融入翻转—跟踪教学法能够使学生与教师之间的关系得到改善。

在课堂中融入翻转—跟踪教学法时，学生们在课堂上一起学习、相互纠正动作、协同完成教师布置的作业，课下一起复习、相互督促、完成视频录像，这些都会增进学生之间的友谊。为了解决个别后进生无法在教学时段内完成学习任务的问题，教师会安排同寝室同学或与其关系好的同学对其进行课后辅导。由于学

第三章 高校健美操教学的基本理论

生之间几乎没有代沟，更容易相处，并且同学之间相处时紧张度较低，被辅导的学生也更容易接受，既督促了学生的学习，又提高了其学习速度；辅导的学生通过"小老师"身份的转变，不仅能提高动作的准确性，而且能提高从师能力。同学之间加深了友谊，人际关系更加融洽。

教师的传道、授业、解惑在翻转—跟踪教学中能更好地应用。在课前，教师在群里发送视频布置作业，学生学习并完成作业，教师批改，对错误动作进行线上指导，发现学生在学习上的情绪变化后及时进行疏导，发现学生的不良行为后一对一指出批评。由于是单独交流批改，最大限度地保护了学生的自尊心，使其感受到教师的关爱，拉近了教师与学生之间的距离，增强了信任感，使学生更容易接受教师的指导。

第三，翻转—跟踪教学法比常规教学法能够更好地提高学生的合作能力。合作能力不是与生俱来的，而是需要在生活、学习、工作中培养的。合作能力主要指与其他成员协调合作的能力，融洽地与他人合作才能获得成功，所以合作能力具有一定的重要性。

翻转—跟踪教学法恰恰提供了一个平台，既改善了人际关系，又提高了学生的合作能力。在创编动作培养阶段，教师可以采用6～7人随机分组的方式，通过抽签决定组次。在分组的过程中，学生总会遇到这样一种情况：与不喜欢的同学分到一组。此时教师一定要耐心进行人生（生活及工作）法则的讲解，即人的一生可能遇到各种人、事，不可能一帆风顺，只有学会与各类人和谐相处，才能更好地适应社会；另外还有短板效应的教育，短板效应即一个团队的各个成员往往是优劣不齐的，而劣势部分往往决定整个团队的水平。要想整个团队在最后的创编表演中取得佳绩，必须帮助组内劣势学生提高成绩，共同达到最佳水平。创编训练使学生共同寻找资料视频、完成编排、一起练习，很好地提升了学生的合作能力，更好地增强了学生之间的信任感。

第四，翻转—跟踪教学法比常规教学法在提高学生的社会适应能力方面的效果更加显著。社会适应能力也被称为社会适应性或社会适应行为，既是社会学研究的重要内容，也是心理学研究的重要内容。国内外学者从不同的角度对社会适应能力进行了界定。

美国学者利兰和科恩对社会适应能力进行了界定，他们认为社会适应能力是社会成员与所处的社会环境之间相互影响而产生的心理适应，即社会成员面对所处社会的社会文化、价值观念和生活方式做出自我调整的过程。

国内学者魏绮雯认为社会适应能力是在环境适应过程中，个体对自身的行为进行调整来适应环境变化的能力，同时，社会适应能力也是个体与环境相融合的结果，也是个体融合于社会环境的能力。

总的来讲，社会适应能力其实就是社会成员在环境适应过程中产生的心理适应，是在长期适应过程中形成稳定的人格特征，并影响个体在社会生活中的表现。

在提高学生的社会适应能力方面，翻转—跟踪教学法效果更好的原因主要包括以下三方面。

①教师在运用翻转—跟踪教学法教授教学内容的同时，更加关注学生的心理状态，注重社会适应能力的培养，引导学生积极面对困难，主动克服恐惧心理，大胆尝试，勇于承担。

②在课堂中融入翻转—跟踪教学法后，教师会用心观察所教学生的课堂表现，发现问题及时疏导，帮助学生调整心态，使学生树立正确的价值观，增强自信心，并给予学生适度的奖励，使其突破自身的屏障。

③翻转—跟踪教学法能够营造良好和谐的学习环境，每一位学生都能感受到关爱，使课堂学习氛围温馨融洽，用集体的力量感召、带动后进生，使其在潜移默化中发生转变。

第五，翻转—跟踪教学法能够更好地激发学生的学习兴趣。学习兴趣是一个人为了获得一定的知识而倾向于认识和学习的心理特征，是促使人们寻求知识的内在动力。如果学生对某一学科感兴趣，那么他们会继续集中精力学习，从而提高学习效果。

常规教学法以教师为主体，准备部分、基本部分、结束部分均由教师带领，不能充分发挥学生的主体地位，学生一味地模仿、练习，对一个动作反复、机械化地学习，不仅消耗体力，学习效果也不明显，课堂枯燥乏味、无乐趣。

翻转—跟踪教学法是一种新颖的教学方法，在课前，教师在班级群里发送视频，学生通过模仿视频中的动作进行学习。学生会对这种教学方法产生好奇心，主动去学习，遇到难点后认真钻研，主动克服学习中遇到的困难，求知的内在动力逐渐形成，对健美操慢慢产生兴趣。在课堂中，教师和学生一起交流、互动，师生像朋友一样相处，从而消除学生的畏惧心理，提高学生对教师的喜爱度，使其逐渐产生对教师的敬慕之心，从而喜欢上健美操课程；教师用生活中的实例开导学生，教会其如何看待身边的各种现象、如何礼貌处事、如何对待学习与情感的矛盾，使其树立自信心，通过健美操课程的学习来改变现在的自己；在教学中加入小组比赛，两人一组，优等生与后进生相互搭配练习，调节课堂学习气氛，

第三章　高校健美操教学的基本理论

燃起学生的激情，提高其学习兴趣，使学生更加喜欢健美操课程。在课后，教师对学生提交的作业进行批改备注。作业完成得好的学生会得到教师的表扬，心里会美滋滋的，体验到了成就感，从而增强其自信心。对于作业完成得不好的学生，教师会对他们采取鼓励的策略，会私下与他们进行沟通，学生受到了教师的重视就会更加努力地学习，从而提高对健美操的兴趣。

第六，翻转—跟踪教学法能够提高学生的自我效能感。自我效能感是指个人对自己是否可以顺利完成某项任务的主观感知和信念，如"我相信我可以成功完成这个挑战"。自我效能感具体包括两个方面，即结果期望和效能期望。结果期望是个人对自己的行为所导致结果的一种预判；效能期望则是一个人对成功做成某件事情的行为的信念。但在实际教学过程中，对个体的行为起决定性作用的是自我效能感中的效能期望。如果学生认真听课，并且能够取得良好的学习成绩，或者经过努力体验到了成就感，学生的自我效能感就会提高，自信心也会增强，上课也会更加仔细认真。

自信心的高低与家庭教育、教育环境有很大关联，父母的教育方式会直接影响孩子自信心的形成。对于自信心差的学生，教师应多给予关注、鼓励，进而增强其自信心。关于翻转—跟踪教学法能够提高学生的自我效能感的原因包括以下几方面。

①学生录制最好的动作视频发送给教师，教师进行批改、评价，在努力得到教师的肯定或赞扬时，学生体验到了成就感，自我效能感得到了提高，自信心就会慢慢增强。

②自我效能感主要来源于成功或失败的经验以及他人获得的经验，即他人完成某件事所获得的经验。替代经验并不要求学习者亲自学习某一行为，而是通过观察他人的行为来获得对自我可能性的理解。学习者观察到别人在某件事上获得了成功并得到了赞扬，就会增强产生同种行为的倾向；如果看到别人失败或者因为该事件受到惩罚，产生该行为的倾向就会主动减少。教师会在课后布置作业，在学习群发布优秀作业视频，每个学生都希望自己的作业被评为优秀作业，因此会努力练习以达到最理想的成绩，从而提高自我效能感。

③言语劝说，亲切入微。在健美操学习中，学生的性格、素质等都有一定的差异。对于性格内向、素质差的学生，教师应该多关爱、多鼓励，针对其实际情况制定学习目标。当学生体会到教师的用心，就会更努力地学习，从而在学习中体验到成就感，提高自我效能感。

④和谐友好的教学氛围将激发学生的学习欲望，并产生双倍的效果；反之，

学生的自我效能感将下降。在翻转—跟踪教学法中，师生将成为朋友并花费更多的时间互相交流，学生将花费更多的时间一起学习、练习和拍摄视频，他们的感受将会更加深刻。

第七，翻转—跟踪教学法有利于提高学生的健美操创编能力。健美操是集体操、舞蹈、音乐、健身、娱乐于一体的体育项目，动作变换复杂，音乐节奏快，对学生来说具有一定的难度。在健美操创编能力的提高上，翻转—跟踪教学法的要求和表现主要包括以下几方面。

动作姿态：强调学生基本姿势的训练，要求学生靠墙站立，教师纠正其不良姿势，不断提醒学生提高身体控制意识。

创编能力：在教学中，教师要先讲清创编原则及方法，要求人人参与、独立思考、团队协作、积极创编。学生在创编过程中激烈讨论，各自发表意见，加强了对健美操的了解，也提高了学习积极性，而任课教师只需要随时跟踪学生创编的进度，及时指出不合理的动作变换，学生进行纠正。

音乐节奏感：利用线上授课的有利条件，直接把加入击掌节奏的音乐录制下来，听不懂音乐的学生开始时只听击掌节奏加音乐进行练习，然后跟教师口令练习以及加上自己的口令练习；线下教学时，学生可采用边放音乐边击掌或拍打背部跟音乐练习的方法。经过反复练习，学生的乐感能够得到快速提升。

动作完成度：在课前，学生提前进行预习，了解本堂课的教学内容。在课上，教师纠正学生的错误动作，然后学生反复练习。在课后，学生完成视频作业，为了拍摄更加完美的视频，学生会反复进行练习，从而增加了练习次数；同时教师对每个学生的作业进行评价，指出错误动作，学生再纠正练习，再录视频上交，直至合格。这样不仅增加了学生练习次数，而且提高了学生掌握动作的能力及动作完成能力。

（2）相关建议

第一，将翻转—跟踪教学法应用于健美操课程中时，应加强音乐素质教育，将其落到实处。高校应加强对学生音乐素养的培养，把素质教育落到实处，恢复音乐课功效，提高学生的音乐鉴赏能力，从基础入手解决学生不懂音乐、听不出音乐节奏的问题，为培养全面发展的新时代新人打好坚实的基础。

第二，将翻转—跟踪教学法应用于健美操课程中时，教师应多利用网络进行教学。时代在进步，教师不应该与社会脱轨，应多利用网络进行教学，能够使教学内容更加生动形象，教学内容更加全面，从而提高学生的学习成绩。

第三，将翻转—跟踪教学法应用于健美操课程中时，高校应尽可能地提供实践平台，增加学生编排健美操的机会，如运动会开幕式等大型文体活动的健美操表演的编排，从而使学生的社会适应能力得到实实在在的提升。

（四）兴趣教学法

1. 兴趣教学法的概念

兴趣教学法是指在课堂教学中，有效利用各种有利条件，灵活运用多种手段，以最大限度地激发学生的学习兴趣为目的的教学方法。

兴趣教学法是以培养学生的学习兴趣为主要手段，基于素质教育理念的引导，遵循"以人为本"育人观的规范所研创的新型教学方法。兴趣教学法注重营造开放、自主、轻松、娱乐的教学氛围，强调师生间的互动，尊重与认可学生的主体地位，并通过趣味性教学元素的植入来确保学生在学习过程中能够保持情绪的愉悦、心情的舒畅，在兴趣盎然的状态下参与到教学活动当中。

兴趣教学法把教育活动看作师生之间一种高效的交往、沟通，把教学过程看作一个动态发展着的教与学统一的过程，并以科学的教学手段激发学生的学习兴趣，让学生由"要我学"变为"我要学"，继而由"我要学"变为"我愿学"。

总的来讲，在使用兴趣教学法的高校健美操教学中，教师根据学生的心理特征，结合教材特点，合理采用激发学生兴趣的教学手段，能够充分激发学生对健美操学习的强烈兴趣，且由于这是一种较为稳定的间接兴趣，因此在学习过程中能够转化为强大的内驱力，学生在上课时注意力会更加集中，对所学动作技术的理解也会更加深入，而且会主动利用课余时间去练习巩固。因此，兴趣教学法能最大限度地调动大学生学习健美操的积极性和主动性，从而达到充分发挥教与学效果的目的。

2. 健美操教学中提升学习兴趣的方法

（1）个人因素方面

教师在第一次课上集中介绍并讲解健美操的运动价值、相关术语及基本技术动作等理论知识，帮助大学生建立健美操运动的基本概念；同时开展增强身体素质的相关训练，提高学生的柔韧性、力量和协调性等，提升学生的运动能力以及增强学习健美操的自信心，从而有效地提高大学生学习健美操的兴趣。

（2）教学因素方面

在教学内容上，适当增添现代流行的舞蹈元素，并且音乐的选择应尽量贴合当代大学生的喜好，可以有效地激发学生的学习兴趣；在教学方法上，运用学生喜爱的教师示范讲解法、教师带领法、游戏练习法、分组比赛等教学方法，重视教学方法的趣味性；在教学过程中，教师衣着鲜艳时尚，全程佩戴麦克风完成教学，教学中保持精神饱满，示范准确清晰，语言讲解流畅生动并富有激情，充分调动大学生学习的积极性；在教学评价上，调整考核方式比例，提高过程性评价的比例，并将大众健美操等级考试或等级比赛充分运用到教学课堂中，从而有效提高大学生的主体参与性。

（3）环境因素方面

在室内专业舞蹈房开展健美操教学，利用整套专业的音响设备辅助教学，避免天气和人为因素的干扰，可以有效提高学生的学习积极性。

综上所述，要想提高高校学生对健美操的学习兴趣，在影响学习兴趣的个人因素方面，提高学生的体育认知能力及运动能力；在教学因素方面，完善高校健美操教学中的教学内容、教学方法、教学过程和教学评价；在环境因素方面，学校营造良好的教学氛围与教学环境，都更有效地提高大学生对健美操课的学习兴趣。

3. 兴趣教学法在健美操教学中的应用

（1）理论基础

要想充分发挥体育兴趣的作用，就必须准确了解体育兴趣的内涵以及特点等，在此基础上将兴趣教学法科学合理地运用于教学实践中，从而提高教学质量。到目前为止，已经有许多学者基于社会学、心理学等学科知识对体育兴趣进行了研究，并提出了一些观点。例如，可以将体育兴趣作为一种情绪状态加以分析，这种情绪状态的真实变化能反映学生的实际想法。在体育教学中，只有真正维护好学生的情绪状态，使其体会到体育的乐趣，才能保证学生全面理解体育运动要领，树立起良好的体育意识。又如，学生对体育运动的实际兴趣，便是学生的一种正确认识。培养学生对体育运动的兴趣对学生参加体育锻炼以及对学生一生的身心健康发展均具有积极意义。

综合各项研究可知，在学生参与健美操运动时，兴趣是一个非常重要的认知因素，合理地运用并激发学生的兴趣，能增强学生参与健美操运动的动力，提高学习的积极性与主动性，同时使课堂教学氛围、教学质量等得到改善。而且在近些年的教育改革中，兴趣教学法的效果显著，能够有效提升学生的学习积极性，优化教学质量。因此，如何强化和提升兴趣教学法在高校健美操教学中的应用效果，是一线高校体育教师需要考虑的重点。

（2）主要作用

第一，兴趣教学法能够增强学生的身体素质，特别是肺活量、立定跳远、仰

第三章 高校健美操教学的基本理论

卧起坐、坐位体前屈、1分钟跳绳的成绩都有明显的提高。

第二，兴趣教学法在教学中采取丰富多样的教学形式，通过借助与教学相关的器材，以及引入与教学主题内容相关的小游戏，有效地改变了学生的学习态度和学习动机，使学生的学习主动性更强。

第三，兴趣教学法有效地提升了学生的人际交往能力。兴趣教学法在健美操教学中有效地利用了学生之间的合作以及教学评价体系，学生的交流次数更为频繁，人际交往能力得到显著的提升。

第四，兴趣教学法充分挖掘了学生的潜力，培养了学生的创造思维，使其动作创编能力得到有效提升。

第五，兴趣教学法提升了学生的自主学习能力。在实施兴趣教学的健美操课程中，学生的自主学习能力有所提升，并且该方法更能激发学生探索知识的欲望。

第六，兴趣教学法提升了学生的自我认知能力，加强了学生对自己各方面的欣赏与肯定，其自信心的增强效果更为显著。

（3）相关建议

第一，在健美操动作技术的教学过程中，应避免学生把各种趣味性的练习方法当作单纯的娱乐游戏，在练习过程中应加强对学生错误动作的纠正，引导学生建立正确的技术动作。

第二，将兴趣教学法应用于健美操课程中时，不但要调动学生的学习兴趣，而且要把学生对健美操技术的学习兴趣转化为学习健美操技术的动力，最大限度地激发学生的学习能力。

第三，教师观念要跟上时代的变化，不仅要重视学生的身体素质，也不能忽视学生的心理健康，教师的教学能力也应该随之提升，努力提高课堂应变能力。

第四，健美操教师在平时学生练习技术动作的过程中，要时刻关注每一位学生的动态，掌握每一位学生的特点和实际情况，在教学过程中因人而异地对待不同类型的学生，使班级学生的学习成绩都得以提升。

第五，在准备活动和放松活动中引入瑜伽和形体训练时，要做到渐进式教学，避免一开始就让学生感到动作过难和专业化，导致动作无法顺利完成，进而失去完成动作的信心和学习兴趣，影响高校健美操教学。兴趣教学法在教学的过程中以学生的兴趣为出发点，教师需要在课前充分备课，认真考虑在健美操课程中引入瑜伽和形体训练的教学方式以及内容比例，从而有效地提高教学效果。

第六，要想将兴趣教学法有效应用于高校健美操教学课堂，教师在教学期间还可以组织学生合理构建兴趣小组，这能有效激发学生学习的主观能动性，让学生的主体地位在健美操教学课堂上得到有效提升，从而进一步提升兴趣教学法的应用效果。构建兴趣小组能够将具有相同兴趣爱好的学生组织起来，这不仅能够有效满足学生的兴趣爱好诉求，同时还能让学生之间形成互帮互助、一同训练的良好关系，对于学生的运动素质与能力提升十分重要。

为此，教师在开展健美操教学活动之前，一定要加强对学生的观察，对班级学生的心理特点、兴趣爱好、学习状态等多方面进行分析，以此来把握学生的兴趣点。基于此，为学生构建不一样的体育项目小组，然后再结合各个小组的能力与水平为学生布置训练任务，这样各个小组的学生就能在相互合作与督促中提高自身能力与素质，有效优化高校健美操教学，提升兴趣教学法的应用效果。

第七，将兴趣教学法应用于健美操课程中时，教师要根据学生的实际心理需求进行活动设计。大学生正处于青春期，思维活跃，对各种新颖的游戏活动有着强烈的兴趣。教师在日常活动设计中可以适当地将一些游戏引入教学活动，打破学生对常规健美操教学的认识，活跃学生的思维，并且在这种学习氛围的感染下，那些平时对运动不积极的学生也能很好地参与进来。

健美操教学组织形式多种多样，并非局限于一种，教师可以在科学的教学理念的引导下，通过开展各种丰富的健美操游戏教学活动，促进学生积极地投身于健美操教学活动中，在游戏活动中感受快乐，帮助学生放松身心。引入游戏教学应以学生的兴趣及学习心理特征为出发点，在健美操游戏化教学活动中，教师要充分考虑到学生的个体化差异，考察学生的喜好，以此开展健美操教学工作。

（五）PBL 教学法

1. PBL 教学法的概念

PBL 的全称为 Problem Based Learning（基于问题的学习）或 Project Based Learning（基于项目的学习），在国内有多种译法，比如问题式学习、以问题为导向的学习、基于问题的学习等。

美国教育学家乔纳森认为"问题"具有两个明显的特性：一个是未知，一个是价值。首先，问题的形成是一个现有状态与目标之间的差异，问题的探索是一个从现有状态到目标状态、从已知到未知的过程。其次，问题一定要有探索和解决的价值，无论是在文化上、经济上还是在政治上等任何一方面，问题的解决者都必须认为问题的解决是有价值的。

从结构角度来划分，一般把问题分为两种类型：一类是结构良好的问题，另

第三章 高校健美操教学的基本理论

一类是劣构问题。结构良好的问题主要包括以下特征：一是问题题干的叙述语言和逻辑清晰；二是问题给定的条件较多；三是问题的解决方法在学生的知识储备与生活经验的涵盖范围内或是易于总结；四是有固定的解决方案，而且有标准答案。举例来讲，在一些理科科目中，问题能够通过固定的公式进行计算，从而得出准确固定的答案，这种问题一般属于结构良好的问题。而劣构问题的问题陈述较为模糊，问题条件很少甚至没有，问题的解决需要结合已有的各领域的知识和经验，并且劣构问题往往没有一个确切的标准答案。

综上所述，PBL教学法中的问题一般指的是劣构问题。有学者认为PBL教学法中的劣构问题主要有以下特征：一是问题源自学生的日常现实生活；二是问题需要学生通过不断的求知与学习才能得出解决方案；三是问题的解决方案以学生的现有知识基础与生活经验为基础；四是问题的选择要符合教学目标与教学内容；五是问题可以由很多方法来解决。

长久以来，PBL教学法有多种定义。

在苏格拉底产婆术的影响下，20世纪50年代美国教育学家、心理学家杰罗姆·布鲁纳提出发现学习法，他在发现学习法中将PBL教学法解释为：基于问题学习的教学，即基于问题式的教学方法。

美国巴罗斯教授对PBL教学法进行了定义：PBL教学法是源于工作的进程和目的，在于了解和解决某一问题的学习过程。美国著名学者琳达·特罗普与萨拉·塞奇在巴罗斯教授对PBL教学法所下定义的基础上进行了优化总结：PBL教学法是通过提出真实存在的或假设的问题，以学生为主体对问题探究求解；通过小组合作找出问题的联系，分析问题的成因并提出解决方案。1993年，ISMA科学学会下属部门基于问题的研究中心对PBL教学法进行了定义：以学习问题为基础，依据不同学生思维上的差异做出不同的解决方法来解决问题；借助教师的辅助指导，刺激学生大脑，使学生产生新的学习思维，以此提高学习效果的教学方法。

在20世纪90年代的教育改革浪潮中，PBL教学法被引入国内，作为一种教学策略被广泛运用于教学实践中。1989年出版的《心理学大辞典》中对"问题式教学"的解释是：教材内容和体系确定的情况下，用问题把教学内容在上课过程中呈现在学生面前，使学生知道自己要解决的问题，达到引起学生注意、激发学生兴趣和培养学生思维能力的目的。

2002年刘晓艳在其发表的《基于问题的学习模式（PBL）研究》一文中认为，PBL就是基于问题的学习，它是一种教学策略，通过引入真实的学习情境或案例，为学生提供一些能够帮助学习的资源，学生运用已学习的知识和方法找出解决方案。复旦大学的周莹在其硕士毕业论文中认为，PBL教学法是指在临床前期课或临床课中以问题为基础、以学生为主体、以教师为导向的小组讨论式教学方法。

2. PBL教学法的研究现状

（1）国内研究现状

①PBL教学法在体育学科中的应用。为了解PBL教学法在体育教学领域的研究，笔者通过"体育""PBL教学法"等关键词进行文献检索，发现PBL教学法与体育课相关的文章近几年来越来越多，主要分为理论和实践两个方面，学位论文主要是用实验论证PBL教学法在体育学科中的真实运用效果。截至目前，PBL教学法在田径、武术、啦啦操、健美操、体操、游泳、网球、篮球、排球等运动项目中都有所涉及，但没有对具体对应的学段、技术环节进行全面细致的探索。

有关理论课的研究中，王耀光提出前馈控制模式结合PBL教学法，把控制目标设置为教学大纲，积极引导学生参与互动，将问题导向教学法作为切入点，针对各个教学环节过程进行前馈控制。在教师的引导下，学生积极参与互动，这样的课堂取得了一定的教学效果，运动生理学的理论课堂也变得生动形象。

杨发明通过了解五年制高职康复治疗技术专业的学生的学习特点、教学设计发现，在人体运动学这门课程中采用PBL教学法，不仅能够帮助学生提高学习兴趣和学习积极性，而且能帮助学生提高理论知识与实践相结合的能力。他还从软硬件方面探索了PBL教学法对教学过程的影响，为后续的人体运动学这门课程的教学方法丰富了理论依据，提供了一定的参考。

王瑞静在其发表的论文中提出利用PBL教学法对体育专业的运动解剖学实验课进行授课，相较于传统教学方法，采用PBL教学法的课堂中，学生明显提高了学习兴趣，思维也更加发散。

张志鑫认为运动生理学的知识体系比较复杂抽象，而体育专业学生的文化基础较为薄弱，学习起来有一定的难度，所以在教学中利用PBL教学法进行一学期的实验验证，最后得出PBL教学法能够从提高学生的学习积极性和加强学生自主对知识体系的构建等方面来提高运动生理学的教学效果。

在实践技能课中采用PBL教学法的相关文章有很多，如球类项目、田径项目、体操类项目、武术项目，几乎覆盖了所有体育传统运动项目。每个运动项目的教学实验几乎都是将按照教学大纲和内容以及某个技术环节的具体要求设置的问题作为引导，同样地，让学生作为教学主体在解决问题的过程中发展自身的综合能力，构建自己的知识体系，最终达到提高教学质量、促进学生学习态度转变的教学目的。

综上所述，理论方面：采用PBL教学法能够从学生的角度出发，很好地将被动学习转化为主动学习，在帮助学生理解和记忆知识的同时，还能够帮助他们不断拓宽知识面，构建自己的理论知识库。实践技能方面：PBL教学法作为一个顺应时代发展需求的教学方法在体育领域的研究较为丰富，几乎覆盖了所有传统体育项目，但是针对某一个运动项目的具体学段，以及每个运动技能的不同阶段的技术环节的研究还不够全面和深入。

②PBL教学法在其他学科中的研究。笔者通过文献搜索发现，我国出现最早也最多的研究PBL教学法的领域是医学领域。但是随着时间的推移，PBL教学法开始被越来越多的专业采用。下面是我国学者在不同专业对PBL教学法的采用情况。

张东华指出，我国引进PBL教学法较晚，而且因为医学教育情况的不同导致该教学方法实施起来困难重重。他主要从教师、学生、课程考核、硬件设施等方面分析了具体存在的问题，同时指出PBL教学法是符合当代社会实际需求的教学方法，希望后续研究者能够继续探究其在临床医学中的发展和运用。

杨琳等人在其文章中提到，因为现今社会的复杂性，再加上高等医学院校对学生医术的追求以及对医德教育的忽视，造成了医患矛盾的频繁出现。而在大学英语课程中引用PBL与医德相结合的教学方法，帮助学生掌握语言的同时还能使学生根据问题的情境体会到医德的重要性，更大限度地领会教材中的德育内涵，帮助学生形成良好的医德品质。

钟延芬从土木工程专业培养要求入手，认为学建筑的学生思维非常重要，而相对于传统的教学方法而言，PBL教学法通过引导学生自主学习和探索，能够很有效地帮助学生发散思维。同时通过调动学生的学习积极性，推动学生的理论与实践相结合，使其在学习理论知识的基础上去实地参观、选择项目，从而达到提高房屋建筑学课程的教学质量的目的。

章晶晶在其文章中详细梳理和分析了PBL教学法的一般理论发展、特性以及在不同学科中的应用，阐述了PBL教学法在教学中的具体运用细则和要求，考虑到教师对课堂设计的重要性，从教师的角度出发，结合中学物理课的实际情况提出了具有可操作性的课堂教学设计建议，提升了教学设计的有效性。

韩彦岭等在其文章中考虑到计算机操作系统学习中概念原理多、内容抽象等困难，将PBL教学法引入计算机操作系统课程，重点抓住"团队式"教学模式，以教学内容为例将学生导入课堂，整个基于PBL教学法的团队式教学过程结束后，学生的学习积极性和探究能力，包括专业能力以及综合素质都有了很大的提高。

李彬等人通过设计"六步"操作步骤将PBL教学法探索性地运用于会计教学中，在探索的过程中发现了该教学方法和传统教学方法的区别，明确了PBL教学法的概念，并总结了成功实施PBL教学法的关键在于教师角色的转变。

梁雪在其文章中通过探讨PBL教学法对音乐专业本科学生的专业技能实践运用能力的提升效果，以及通过与传统教学方法对比，表明该教学方法在实施过程中通过激发学生的学习兴趣和学习热情来提高学习质量，从而帮助学生提高学习能力和实践运用能力等。同时她强调，教师要注重对学生的长期学习能力的培养。

综上所述，PBL教学法已被国内众多学者从不同领域和方面进行了研究。大多学者研究的是PBL教学法的应用设计和实施流程包括效果评价等，且都已经取得了丰富的成果。

（2）国外研究现状

20世纪50年代，PBL教学法的雏形由美国著名教育学家、心理学家杰罗姆·布鲁纳提出。PBL教学法在国外最早应用于医学教学中，因医学院学生在学校学习的内容与复杂的真实工作环境联系并不紧密，学生通过传统医学教学的方式获得的知识容易遗忘，并且不能在现实情境中学以致用。

20世纪60年代，美国教育家霍华德·巴罗斯首次把该教学理论引入大学医学教学。教学者发现PBL教学法可以使受教育者更快地领悟知识和技能，提高了教学水平和学生的实践能力。

随后PBL教学法在哈佛医学院得到完善，广泛受到美国医学界的认同和肯定，并在医学教学领域快速发展。20世纪80年代后期，PBL教学法开始在美国的大学盛行，被运用到实践教学中，从而逐渐走向成熟，被不同的教育学科应用。

在美国，PBL教学法不仅被应用于高校其他教育学科中，甚至大、中、小学不同年龄段的教育工作者都将其应用于教学中。PBL教学法在美国的成功实施为这一教学法奠定了坚实的实践基础，也证明了PBL教学法对其他学科领域具有重大价值。

20世纪90年代后，欧洲在教学领域开始尝试运用PBL教学法。欧洲最早运用PBL教学法的是英国医学界，后推广至丹麦、法国等国家，随后日本、韩国、新加坡等亚洲国家对教学做出改革调整，不同学科先后引入PBL教学法。为验证PBL教学法应用于教学中的实践效果，国外学者对部分学生进行问卷调查，发现学生在PBL教学课堂上的行为态度表现积极。

PBL教学法在国外教育界的发展已有70年之久，国外教育界对PBL教学法的研究依然层出不穷，说明该教学法应用于教育教学方面有很大的可行性。在经济全球化和信息化社会迅速发展的当下，对学生的综合素质提出了更高的要求，而PBL教学法对学生分析问题、创新、沟通、合作等综合能力的培养具有优势，所以，PBL教学法需要引起我国教育学者的重视。

3. PBL教学法的基本要素

（1）问题

在PBL教学法中，问题是核心要点，是教学活动运转的动力源泉。PBL教学法的问题要有足够的吸引力、趣味性和针对性。

问题是学生学习的挑战和动力所在，问题设置的好坏将影响PBL教学法的实施效果。问题应当是开放性的，没有标准答案，这样可以锻炼学生的思考能力，给学生留出思考的空间，同时为学生提供学习和探索的方向。

（2）学生

学生是学习的主体，是教学活动的必备条件。PBL教学法是根据学生学习的需要，建立宽松舒适、开放民主的学习环境。PBL教学法主张学生自主学习，鼓励学生积极主动地提出不同观点、讨论分析产生问题的原因和寻找解决之道，并与同学交流验证方法的正确性，最终通过自主或合作的方式完成问题的解答，在这个过程中获取并构建属于自己的知识。

（3）教师

教师是学生学习的引导者，是教学活动展开的主要条件。教师在教学中的作用是辅助学生学习，主要任务是帮助学生明确学习的方向。作为学生学习的引导者，教师在进行教学前应当思考提出的问题能否激发学生的兴趣和积极性；思考如何培养学生的独立思考能力及团队合作能力；思考用什么样的方式传授学生好的学习方法更容易让学生接受；思考如何把控教学进度才能使学习能力较弱的学生跟上课程进度等。

在进行教学指导时，教师应该多用引导或暗示的方式让学生去发现正确的道路，预留想象空间给学生自由发挥，培养学生的自主思考能力。

综上所述，PBL教学法以问题为基础，学生通过小组的形式解答问题，组内成员分工合作参与资料的收集和分析，最后经过讨论得出问题的最优解，并且在教师的组织下进行成果展示，因此 PBL 教学法的三个基本要素——问题、学生和教师缺少任何一个都不能正常运转。

4. PBL 教学法的主要特征

与传统教学方法强调"教师中心、教材中心和课堂中心"不同的是，PBL 教学法具有以下特征。

（1）问题是核心

劣构问题的选择和设计是 PBL 教学法的中心，所有的教学环节都是以劣构问题为轴来进行的。问题设计的成功与否会直接影响学生的学习效率与整个教学过程的进度以及结果，一个好的问题设计能够成为理论与实践的结合点。

教师在设计问题时，首先要考虑问题是否贴合教学目标以及与学科知识的关联程度，从现实生活中选取问题时也要考虑学生现有的知识结构与生活经验，根据最近发展区理论设置一个合理的难度适中的问题。

PBL 教学法中的问题可以有多种解决途径，解决方案也可能不止一个，逐步递进的问题设计可以让学生对知识有更深入的了解。

（2）学生是教学的主体

PBL 教学法强调教师要清醒认识到教学主体由教师到学生的转变，主动将课堂交给学生自主学习、思考和发问。教师在提出问题后，要给学生创造分析问题、搜集资料、分享信息、提出质疑的机会和条件，鼓励学生自主完成学习过程并大胆发表自己的看法。

在 PBL 教学法下，学生不再是知识的被动接受者，他们需要完成问题的分析、信息的搜集、小组合作探究、成果的展示以及对教学结果的评价与反馈。与传统教学方法中的"教与学""讲与听"相比，PBL 教学法下的师生关系更像是一种合作关系。

（3）学习过程是重点

在 PBL 教学法的教学过程中，学生的学习过程尤为重要，问题的解决过程是学生获取知识与提升能力的过程。相较于传统教学方法，PBL 教学法的学习过程的内容更加丰富也更加复杂。在课堂上，教师提出问题后，学生要经过分析问题、搜集信息、合作探究、解决方案展示、总结与反馈等步骤。在这一学习过程中，教师要保证学生的效率、课堂的秩序以及对问题解决过程的引导，可以说学习过程决定了学生的学习效果与老师的教学效果。

（4）注重提升学生多方面的能力

在PBL教学法的应用中，学生获得的绝不仅仅是知识的积累，自主学习、团队合作、人际交往以及语言表达等能力都得到了发展。此外，PBL教学法多元化的评价方法使得教师对学生的评价方法可以从多方面进行选择，更多是以鼓励为主，这有助于提升学生的信心与学习兴趣。

5. PBL教学法的基本流程

一般来讲，可以把PBL教学法的基本流程划分为四个环节。

（1）问题情境环节

在这个环节，教师向学生提供设计的问题，可以借助多种形式传递给学生，比如视频、语言的表达等，主要是为了激发学生的学习兴趣，改善学习氛围，提高小组对问题的分析能力。

（2）问题分析环节

在这个环节，学生对教师提出的问题进一步进行分析，当遇到困难时，小组成员一起讨论，最终找到解决办法。小组成员分工合作，每个人都要发挥自己的作用，在教师规定的时间内完成对问题的分析。

（3）问题解决环节

在这个环节，小组成员按照讨论出来的方法并结合教师的指点，将任务分配给每一个小组成员，并进行自主学习，之后各小组成员将搜集到的信息进行汇总、加工并与其他小组成员分享自己搜集到的资料和自身的观点，一起交流讨论，再结合其他小组成员的思路和观点解决问题。

（4）问题总结评价反思环节

小组成员在进行成果展示时，可以将准备过程中遇到的困难以及解决方法同教师和同学们进行探讨。在各小组展示结束后，教师要对每组成果展示进行点评，对优秀的小组提出表扬，遇到表现不佳的小组，要给予鼓励。最后教师要根据学生的展示成果进行最后的点评，这也将成为学生学习过程中的一项参考依据。学生对于成果展示的表现要进行反思，结合教师提出的建议进行修正，确保下次会有更好的表现。

6. PBL教学法的理论基础

（1）建构主义理论

建构主义理论源于儿童认知理论，最早的提出者是皮亚杰。建构主义理论的存在为PBL教学法打下了坚实的理论基础，将建构主义理论运用到教学实践中，要求教师以学生为中心、以学生为主体，引导学生对知识进行自主探索，调动学生学习的积极主动性，使学生成为主动学习者。建构主义理论的教学方法丰富，其共性则是在教学环节中包含情境创作和协作学习，并在此基础上，由学习者自身最终实现对所学知识的意义建构。建构主义理论是在学习者已有学习经验的基础上进行知识建构。根据建构主义理论，针对不同的教学情境以及不同层次的学习者，做到学习和教学的同步，实现真正科学的意义建构。

建构主义理论是 PBL 教学法的理论基础之一，PBL 教学法是以情境问题为导向展开教学，使学生置于问题情境中，教师作为引导者、组织者，引导学生主动学习、探究知识的教学法。学生在自主探究问题的过程中，主动构建属于自己的知识关系网，充分体现了建构主义理论。

（2）情境学习理论

情境学习理论的特点是学生在课堂上不再是被动地接受知识，教师引导学生主动建构知识体系，将学生置于问题情境中，使学生在特定情境中学习知识和技能。情境学习是把教学内容设置到特定情境之中，要求学生不断与他人分享经验和知识，强调在学习互动中解决问题的过程，能够丰富学生学习的感性体验，增强学习参与感与互动感。情境学习理论的实质是个人、他人、环境相互作用的过程，教师创造与知识相关的情境，并为学生创造在情境中利用知识解决问题的机会。

（3）人本主义学习理论

人本主义学习理论强调以学生为中心，教师不再是课堂的权威，而是学生学习过程中的"催化剂"，是为学生提供便利学习条件的人，是学生学习的促进者。

人本主义学习理论认为，教师应充分为学生营造安全的课堂氛围，让学生真正意义上感觉在此情境下学习是安全的，从而使学生全身心地投入学习。人本主义学习理论主张有意义学习，所谓有意义学习，是指所学的知识能够引起变化、全面渗入人格和人的行动的学习。

（4）杜威的实用主义教育理论

杜威在提出"以儿童为中心"时，反对在教学中教师对学生采用听之任之的方法，那等于在放弃他们对学生的指导责任。在教学时，教师和学生应该共同参与，这是一个师生合作的过程。在他看来，教师应该为学生提供有利的环境条件和机会，同时悉心观察学生的成长并进行引导。他认为，教育是生活的一部分，它将教师（指导地位）、学生（主体地位）、资料教材联系起来，因此，专家学者认为教育应该属于特殊的社会生活。教师应以学生为主，把提高学生的学习兴趣作为出发点，从而使学生的知识储备不断完善和扩大。

杜威指出，在常规教育下，学生只能按照教师的思想和道路重复同样的事情，很难使学生的创造能力有所提高，书本和教师不应该是学生获取知识的唯一渠道。学生要自己去发现知识、创新知识、学习知识，要自己去看世界，不能只在书本上看和道听途说。在教学过程中，教师应该首先确定教学情境和需要提的问题，然后让学生提出自己的假设，最后学生通过学习来验证自己的假设。

（5）合作学习理论

合作学习理论产生于19世纪70年代的美国，在19世纪80年代得到了迅速发展，目前它已经成为一种新型教学策略。合作学习理论强调将能力不一的学生组成2～6人的小组，小组成员通过讨论，从而达到学习目标。

合作学习对学生来说非常重要，有助于对学生沟通合作能力和思维能力的培养，使学生养成独立学习的习惯。学生在进行合作学习时，要取长补短，取其精华、去其糟粕，不断提高自身的水平。

合作学习主要包括：一是小组成员之间有一致的目标，共同努力奋斗。二是小组成员之间应该多进行沟通合作，彼此互帮互助。三是保证小组每个成员都要分配到任务并认真完成，遇到不懂的问题时要及时进行交流合作。四是学会反思，每一个小组成员都需要总结反思自己在小组中的学习情况和表现等。

PBL教学法强调以学生为主，以问题为基础，通过创设情境调动学生学习的主动性。这与合作学习理论的方向与目的是一致的。因此，将合作学习理论作为高校健美操PBL教学法的理论基础，强调了我国新课程改革的价值定位和合作教学的文化意蕴。

7. PBL教学法的基本原则

①以问题为起点贯穿课堂的原则。贯穿课堂的问题是学生要解决的目标。问题对学生来说要足够复杂，问题的答案要充满多变性和不确定性，使学生认识到自己现有技术和知识量的不足。

②以学生为中心环绕教学的原则。以学生为中心，围绕问题进行探究学习，鼓励学生发言进行问题分析，激发学生的兴趣，调动其主观能动性。

③以教师为引导辅助学习的原则。教师的角色是引导者，在教学中，教师的作用是引导学生学习的走向。教师同时也是辅助者，辅助学生在众多问题答案中找到正确的答案。

④以小组为单位团结协作的原则。小组是最基本的学习单位。在教师提出问题后，学生以小组为单位，运用自身现有知识对问题进行分析，小组成员一起讨论问题的解决方案。

⑤以评价为手段多元进行的原则。评价要多元进行。在教学中，教师要合理运用学生自我评价、组内互评、教师总评等评价方式激发学生的学习动力，综合考评学生的整体素质。

8. PBL教学法与传统教学法的对比

传统教学方法是指以教师、教材和课堂为中心，以教师讲授、学生模仿为主要学习方式和以学生掌握技术为主要目标的教学方法。传统教学法的授课过程是从教师讲解示范标准动作开始，到学生模仿分解动作，再到教师纠正学生错误后进行完整练习，以反复练习来巩固动作，最终以学生完全掌握动作要领为结束。

学生在整个教学过程中始终处于被动接受知识灌输的状态，所有学生学的知识一样，学习环境也一样，但学习效果不一样，这是因为传统教学法虽然有助于学生逐步掌握技术动作，但是忽略了个体差异性和师生之间的有效交流。因为每个学生的学习能力不一样，所以面对同一个技术动作，会出现三种情况：一是学习能力强的学生轻松掌握；二是学习能力普通的学生正常掌握；三是学习能力差的学生较难掌握。不同的学生对同样的知识学习的速度有快有慢，再加上师生之间交流的缺失，造成学生掌握技术的程度跨度较大，教师对教学进度的把控较差，学习新知识会导致学习能力差的学生跟不上学习进度，复习旧知识会导致学习能力强的学生出现厌烦情绪，并且拖慢学习进度，出现顾头不顾尾的现象，很难照顾到所有学生。

PBL教学法是教师提出问题，学生在教师的引导下采用以小组为学习单位的方式讨论、分析、解决问题，并向全体学生展示学习成果，以提高学生的综合能力并完成教学目标的教学方法。

在教学中，PBL教学法侧重于培养学生的学习能力、合作意识以及分析与解决问题的能力。

在课堂上，学生是学习的主体，他们互帮互助、交流合作，从错误中寻找正确的方向，从实践中学习知识，又即刻将知识应用于实践，相互验证，促进知识与技能协同进步。

在小组中，通过传、帮、带，以优带劣的方式培养学生之间团结互助的精神，发挥每个小组成员的能力，共同完成学习任务。

在小组间，树立竞争意识，通过竞争给予学生足够的压力，激发各个小组的好胜心，使学生在竞争中快速成长。

在评价时，强调集体成绩，同时肯定个人对集体的贡献，通过综合评定以激发学生的学习动力与兴趣。

PBL 教学法与传统教学方法的不同之处在于教学目的、教学形式、课堂氛围、评价方式、教师角色等方面，如表 3-1 所示。

表 3-1　PBL 教学法与传统教学法的不同之处

项目	传统教学法	PBL 教学法
教学目的	传授知识	传授知识，同时培养学生的综合能力
教学形式	以教师为主体，以教材为中心，采用"灌输式"教学，学生被动接受知识	以学生为主体，以问题为中心，采用引导学生主动参与学习的形式
课堂氛围	独立竞争的学习环境	小组合作，畅所欲言的学习环境
评价方式	课程结束后统一考试加平时出勤情况	自评、互评和教师评价相结合，以综合评价为主、统一考试评价为辅，强调整个学习过程的多元化评价
教师角色	知识的传递者，课堂的主宰者	问题的提出者，学习的引导者和辅助者

由上述比较可知，PBL 教学法在教学中具有其优势，具体如下：一是学生全程参与学习的积极性高；二是学生围绕问题学习，通过分析问题与解决问题的过程来学习新知识，有助于提高学生的综合素质；三是学生从学习活动中学到的新知识和不同思维方式将受益终身。

9. PBL 教学法在健美操教学中的应用

（1）PBL 教学法对学生学习兴趣的影响

与传统教学法相比，PBL 教学法使学生的学习兴趣更加浓厚。邓从真认为，兴趣是学好一门课程的基础，所以在进行健美操课程教学前，首先要让学生产生兴趣，学生才会对这门课程产生持久的关注并学习这门课程。学生的感兴趣程度对教学效果有一定的影响，并且与在课堂上的活跃度密切相关。

根据人本主义学习理论可知，在教学过程中，强调学生的全面发展，充分发掘学生的能力，满足学生对自身价值实现的同时也能促进教学的发展。PBL 教学法就是以学生为中心，打破了常规教学，使学生积极地融入健美操学习，感受到健美操运动带来的满足感与快感。

在健美操学习中，学生的学习兴趣和知识的掌握程度成正比，即学生健美操学习得越好，就越能感受到健美操运动带来的快乐，从而提高学习兴趣。因此可以得出，PBL 教学法对于提高学生学习健美操的兴趣有着积极的影响。

（2）PBL教学法对学生消极情绪的影响

将PBL教学法应用于健美操教学中后，学生消极情绪维度的分数大幅下降，由此可以看出，运用PBL教学法后学生学习健美操的消极情绪要明显少于运用前。

孔春暖等人通过实验表明，实验前后学生消极情绪的影响因子改善程度非常明显，从而得出PBL教学法对学生的自信心、消极情绪、心境水平及技术考核成绩具有显著效果。PBL教学法能明显减少学生对学习健美操的消极情绪，学生的消极情绪减少，学习健美操的积极情绪就会有所增加。

PBL教学法以学生为中心，充分调动学生学习的积极性，教师通过创设情境对学生提出问题，学生搜集到资料后在组内进行讨论并解决问题。在这个过程中，能够充分发挥学生学习的主动性，激发学生的积极性，提高学生对健美操的学习兴趣，也避免了乏味枯燥带来的不利影响，使学生更好地投入健美操运动中。学生感受到通过小组合作解决问题获得的喜悦，能够减少学习健美操的消极情绪，提高学习的积极主动性。因此可以得知，PBL教学法对于减少学生的消极情绪有显著作用。

（3）PBL教学法对学生积极情绪的影响

将PBL教学法应用于健美操教学中后，学生积极情绪维度的分数大幅上升。邹银指出，课堂教学效果的好坏取决于教师能否正常发挥教学水平、学生能否互动协作。情绪要素在教学中起着较为直接且持久的作用。师生之间情感的建立、学生学习情感的构成，不只是营造良好的课堂氛围的基础，而且能不断激起师生间的互动，增加学生学习的积极情绪，为稳定而持久地获得良好的教学效果提供保证。

PBL教学以小组为单位进行学习，每个小组成员在小组中担任一定的角色，都是不可替代的一部分。学生都能主动参与到学习中来，提高了学生的参与感，大大消除了学习的消极情绪。

在小组的互帮互助下，学生的消极情绪逐渐弱化，畏难心理逐渐消失。在困难面前，学生不再独自面对挑战，有了小组成员的鼓励与帮助，更能让学生避免失败，增加学生对学习健美操的积极情绪，体验到成功带来的满足感，更容易感受到健美操运动带来的快乐。由此可以看出，将PBL教学法应用于健美操课堂中，有益于增加学生学习的积极情绪。

（4）PBL教学法对学生自主探究能力的影响

将PBL教学法应用于健美操教学中后，学生的自主探究能力维度的分数大幅上升。陈万强指出，PBL教学法能够提高学生的自主探究能力，促进学生终身体育意识的形成，使其不断养成正确的自主学习习惯，最大限度地提升学生的健美操学习效果和水平。由此可以看出，将PBL教学法应用于健美操课堂中，有益于提高学生的自主探究能力。

PBL教学法的应用，促使全体学生都能参与到课堂中来，在此过程中敢于表达自身的想法，不再胆怯，主动找寻问题的答案。PBL教学法能够提高学生的自主探究能力，使学生在学习和生活中独自面对困难和抉择时有积极的应对能力，能够用沉着冷静的态度面对生活中发生的事情，从而提高学生对健美操运动的喜爱程度。

（5）PBL教学法对学生运动参与度的影响

将PBL教学法应用于健美操教学中后，学生运动参与度维度的分数大幅上升。张先明指出，体育教学是学校教学中的一项重要内容，对于提高学生的身体素质、培育优良的意志品格、养成良好体育习惯、形成终身体育意识，具有十分重要的作用。高校必须多措并举、多方施策，着力提高学生参与健美操教学的积极性，进一步提高学校体育教学质效，培养学生过硬的综合素质，使其更好地满足当代及未来社会的需要。

大众健美操是需要团队合作的活动，不是一个人的展演，需要小组成员之间合作交流，培养默契。运用PBL教学法进行教学时，每个学生受到的关注度要比在常规教学中高出很多，这样学生会更愿意投入健美操学习，提高学生对健美操的学习兴趣。在运用PBL教学法后，学生都愿意参与到健美操训练中。因此，将PBL教学法应用于健美操教学中能够进一步提高学生的运动参与度。

（6）PBL教学法对学生关注健美操运动程度的影响

将PBL教学法应用于健美操教学中后，学生关注健美操运动程度维度的分数大幅上升。江奔和袁静指出，青少年健康体质持续下滑引起了政府的重视，倡导广大青年学生走向操场、走向大自然、走到阳光下，积极参加体育锻炼，全面提高综合素质，使更多青少年关注体育运动，加入体育锻炼。

根据建构主义理论可知，在学习过程中，学生应该积极搭建自己的知识体系。教学不应该只是进行知识的传递，更重要的是掌握对问题的处理方法、对思维模式的转换方式。笔者通过运用PBL教学法后发现，PBL教学法与传统教学法都能在一定程度上提高学生对健美操运动的关注程度，促使学生将注意力转移到健美操运动上来，感受健美操带来的运动快感。与此同时，也能提高学生对健美操运动的兴趣。在课下，学生会花费更多的时间去关注健美操的相关信息。因

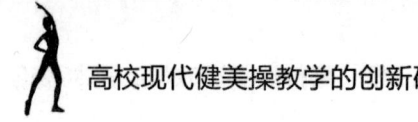

此，PBL教学法不仅教授学生知识，而且通过建构主义理论教会学生怎样学习，从而引导学生主动进行体育学习。

PBL教学法打破了常规的教学方式，教师不再掌握课堂的主导权，而是以学生为中心。这样一来，学生能够积极地融入健美操学习，提高对健美操运动的学习兴趣和关注程度。

第三节 高校健美操教学课程的组织与实施

一、高校健美操教学课程的组织

（一）明确教学内容与目的

教学内容的组织，要根据学校体育课程目标进行适当安排，既要体现部分内容的知识框架，也要符合学生的身心发展规律和学习规律。只有当教学内容分配合理、主次得当、满足学生身心发展和学习的需要时，教学内容体系才能够平稳发展。

一般情况下，高校健美操课程的教学内容体系不限于何种教学模式，也不要求学校连续开设三个学期的健美操课程，其主要针对多次重复选择健美操课程或有意深入接触健美操运动的学生，学生可以根据自身认知、技术与技能发展的水平来选择某个阶段的课程进行学习，教师可以根据学校实际条件与学生的不同发展阶段来挑选合适的教学内容。

1. 初级班的教学内容与目的

初级班属于接触了解阶段。本阶段的教学对象主要分为三种：第一种，刚刚进入大学且第一次选择健美操课程的学生；第二种，因基础不好或成绩不达标而再次选择健美操课程的学生；第三种，学校开设的体育基础课中包含健美操内容的学生。这三种学生有一个共同点——基础薄弱，大部分在入学前没有接触过健美操运动。如何提高他们的锻炼兴趣，使其对健美操课程产生认同感在这一阶段尤为重要，特别是再次选择健美操课程的学生，更要注意调动他们的积极性。

初级班的教学内容主要包括形体训练、身体感知觉练习、运动恢复训练，使学生能够充分地感受自己身体各个部位的发力，从而有效地控制自己的肢体动作。基本动作与动作组合是学习健美操套路的基础，内容简单，易于掌握，适合初学者进行学习,是学生正确认识、了解和掌握健美操运动的起点,也能为下一阶段的创编能力的发展积累素材。教师可以根据学生的基本技术掌握水平和兴趣选择主体部分的《全国健美操大众锻炼标准》一级/二级或系列校园青春健身操基础套路进行教学,其音乐节拍速度稍慢或适中,动作较为简单,路线、方向变化少,时尚元素少,对学生运动基础的要求低。对于学有余力的学生,可以进行拓展部分的教学。

此阶段着重培养学生的音乐节奏感,音乐是健美操运动的灵魂,如果不对学生的节奏感进行培养,学生的动作就难以融入音乐,与音乐协调一致。增加的身体协调性练习和一般柔韧性训练、基础力量训练是为了让学生顺利通过体质测试,并为下一阶段的学习做好身体准备。与此同时,教师应将健美操理论内容与实践内容相对应,使学生初步了解健美操运动,明白其对人体的重要意义,通过观看大量的比赛视频等,激发学生学习的兴趣。

2. 中级班的教学内容与目的

中级班属于动作形成阶段,是建立在初级班基础上的,既要巩固基础内容,又要发展学生的专项能力。

中级班的教学内容不仅包括基本动作组合,使学生恢复动作记忆,并熟练掌握动作技术要领,而且包括套路动作,选择的套路动作要在初级班的基础上提高难度,从而提高学生的健美操技术。中级班可选择的套路动作较初级班更为丰富,学生的选择范围更大。

中级班在技能方面注重提高学生的体育欣赏能力、成套动作完成能力与创编能力,在欣赏健美操比赛的基础上教会学生正确地评判运动员的动作,提高自己的审美品位,同时建立标准来规范自己的动作,以顺利完成成套动作,并通过前一阶段的动作储备和这一阶段的材料观赏与收集,能够简单地创编单个动作或造型以及套路前空拍的动作,增强创新意识。

此阶段的技术内容难度提高,教师需要进行学法指导,使学生掌握正确的学习方法,获得成功的体验,从而维持参与健美操运动的兴趣,甚至是体育锻炼的兴趣;因发展学生体育欣赏能力和创编能力的需要,教师应向学生介绍健美操竞赛规则和健美操创编的指导思想、原则与方法。此阶段要注意发展学生的专项身体素质,为本阶段学生熟练掌握健美操基本技术、技能和下一阶段提高学生的技术能力奠定坚实的身体基础。

3. 高级班的教学内容与目的

高级班为最后一阶段的学习,属于巩固提高阶段。本阶段的教学内容要与社会体育进行衔接，满足学生未来生活的要求。高级班的教学内容主要为某类舞蹈的基本动作与技术以及套路动作，套路动作的难度是在中级班的基础上进行提高的，音乐节奏较快，路线、方向变化多，融入的时尚元素多，对学生的基础具有较高的要求，拓展部分包括搏击、爵士、街舞、拉丁等风格的健身操以及民族健身操，符合社会发展和学生追求时尚的需求。同时，高级班通过健美操的组合动作和队形创编，能够激发学生的创编潜能；通过创设不同的情境，能够培养学生的表现力和团队协作意识。

高级班中的时尚健身操和民族舞蹈的赏析以及不同风格健美操音乐的特点介绍，为学生打开了新世界的大门，使其领略了健美操运动的魅力；高级班关注健美操运动卫生与健康，使学生学习并掌握科学的锻炼方法、常见运动的损伤预防方法，是学生养成健康的生活方式的前提。

（二）落实课程教学组织程序

第一步，教师提问或简要讲述健美操教学内容。

第二步，教师详细讲授健美操教学内容。反复明确健美操课程的重点和难点，强化学生对健美操运动的理解。

第三步，教师总结归纳。布置作业，宣布下次课的教学内容。

二、高校健美操教学课程的实施

（一）备课

备课是教师组织实施健美操教学的重要基础，具体来说，就是教师应在吃透教学大纲、科学选择健美操教学内容的基础上撰写教案，以指导健美操课程的具体实施。

1. 备课准备

①确定教学目标：依据健美操教学目标和单元的教学设计来确定学时教学目标。教学目标必须全面、明确、具体、可行。

②排列教学内容：明确本次健美操教学课中共几项教学内容，注意合理安排教学内容的先后顺序。

③组织教学方法：根据健美操教学内容的重点、难点考虑必要的教学方法，如讲解法、提问法、讨论法、演示法等。

2. 撰写教案
（1）教案撰写要求
健美操教案的制定与编写应注意以下几点。
①根据健美操课程教学的目标、进度、性质等，确定本次课的教学任务。
②根据健美操课程的教学任务确定教学内容、教学方法、教学组织形式。
③注意本次课与下次课的合理衔接。
（2）教案的结构和格式

健美操教案最基本的结构应包括准备部分、基本部分和结束部分，结合具体教学实际情况，完善教案结构，使各部分教学（内容和用时）合理衔接、比例得当。

健美操教案的撰写，有两种常见形式：一种是表格式，以健美操教学课任务为基础填写表格；另一种是条文式，多用于健美操理论课的教学。

（二）课上

1. 队列队形的安排与调动

健美操教学通常采用大班级教学模式，即一个班级中有几十个学生同时进行健美操的学习。因此，在健美操教学课的开始阶段，教师要对全体学生进行队列队形的合理安排与调动，为接下来的教学的开展做好准备。

2. 课堂管理

为了保证健美操教学活动的顺利进行和教学目标的实现，教师应在教学活动的组织与开展过程中做好课堂管理。

第一，教师要时刻监控课堂教学活动的效果，一旦教学将达成的目标与预先设定的目标出现偏差，应及时分析偏差产生的原因并采取纠偏措施。

第二，教师要注意课堂纪律的控制。

第四章 高校健身健美操的教学与创新

现阶段，高校传统的健身健美操教学内容和教学方法已很难满足学生学习的需要。因此，要将新的课程要求与传统教学的优势相结合，全面、有效地提高健身健美操的教学效率和教学质量，促进大学生系统掌握基本理论知识、技能与方法，提升自主学习和探究学习等综合能力。本章分为高校健身健美操运动技能训练与教学指导、高校健身健美操的创新发展两部分，主要包括高校健身健美操运动技能训练、高校健身健美操的教学指导、高校健身健美操创新发展的基本原则与基本要素等内容。

第一节 高校健身健美操运动技能训练与教学指导

一、高校健身健美操运动技能训练

高校健身健美操的教学内容主要包括基础动作、组合动作、《全国健美操大众锻炼标准》三级套路等。掌握基础动作是学练组合与成套动作的基础，这里重点分析健身健美操训练的基本动作以及相应的动作要求，具体内容如表 4-1 所示。

表 4-1 健身健美操运动技能训练的动作要求

动作名称	动作要求
双臂前举深蹲	两臂向前方平举，两腿自然分开与肩同宽。上体直立，收腹挺胸，屈膝下蹲。下蹲过程中，膝盖尽可能不要超过脚尖。当下蹲接近最大幅度时，还原至准备姿势

续表

动作名称	动作要求
跪姿俯卧撑	两脚以膝关节为点交叉,双膝着地,跪姿准备,两臂打开与肩同宽,手臂与地面呈90°左右的夹角,颈、肩、背、臀在同一条直线上。曲肘向下,动作接近自身承受最大幅度时直臂推地,还原至准备姿势
肘撑俯桥	两臂自然打开与肩同宽,肘部与小臂着地,支撑在肩部的正下方,两脚打开与肩同宽,臀部和腹部收紧,臀、背、肩在同一条直线上,形成俯桥的姿势
原地开合跳	双脚并拢提踵准备,身体直立,两臂自然垂于体侧,跳开呈马步姿势后膝关节与踝关节外旋,双臂经体侧在头顶上方直臂击掌,再跳呈准备姿势
"T"字站姿	站姿准备,双脚并拢,双臂侧平举与身体呈90°夹角,手臂与躯干呈"T"字站立,注意肩胛骨夹紧,背部直立
400米放松跑	练习结束后进行匀速慢跑,注意跑动过程中摆臂与呼吸相协调,速度不宜过快
俯卧撑	俯卧姿势准备,双脚分开,脚尖着地,两臂打开与肩同宽,手臂与地面呈90°夹角,臀、背、肩、颈在同一条直线上。曲肘向下,动作接近自身承受最大幅度时直臂推地,还原至准备姿势
原地跳跃深蹲	站姿准备,双脚自然打开与肩同宽,后背直立,收腹挺胸,原地跳起后屈膝下蹲。下蹲时,腹部及大腿收紧,膝盖尽量不要超过脚尖,下蹲接近最大幅度后再次跳起呈站立姿势
仰卧双腿臀桥	仰卧姿势做准备,头部与背部贴地,双腿屈膝与躯干呈90°夹角,脚尖勾起,脚跟着地,大腿与臀部收紧,腹部与髋部、大腿在同一斜面上
侧撑俯桥	侧卧姿势做准备,贴近地面的一侧肘部与小臂着地,支撑于肩部正下方,另一侧手臂侧平举与躯干呈90°夹角,双脚并拢,腹部、臀部收紧,臀、背、肩在同一水平面上,形成侧撑俯桥
"Y"字站姿	站姿准备,双脚并拢,双臂直臂斜上举与躯干呈45°夹角,手臂与躯干呈"Y"字站立,注意肩胛骨夹紧,背部直立
往返摸地速跑	教师下达口令后迅速跑至指定位置,摸地后转身快速返回,以此往返。注意摸地时放慢速度、降低重心,侧身摸地

续表

动作名称	动作要求
弓箭步走	双脚并拢，站姿准备，双手自然垂于体侧，保持躯干直立，腰腹收紧，向前迈出一步，身体下蹲，膝关节与支撑腿呈90°夹角，形成弓箭步，左右腿交替进行，注意保持上体直立
俯身登山跑	俯卧姿势做准备，肘关节微曲，上身尽可能贴近地面，双腿快速在胸前进行交替提膝，腹部收紧将大腿向上提，膝盖尽可能贴近胸部
毛毛虫爬＋俯卧撑	站姿准备，双腿伸直，双手扶地交替向前方爬行，爬至手臂与躯干呈90°夹角时曲臂进行俯卧撑，俯卧撑推起后保持俯卧姿势，双手交替爬回
仰卧直腿肘部支撑	仰卧姿势做准备，两腿伸直并拢，掌心向下，双臂曲肘与地面呈90°夹角，小臂与肘部着地，抬头后仰，展体挺髋，臀部与腹部收紧，身体呈一条直线
"W"站姿	站姿准备，双脚并拢，双臂侧平举后，小臂屈臂与躯干呈90°夹角，手臂与躯干呈"W"字站立，注意肩胛骨夹紧，背部直立
变速跑	跑动过程中，进行50米冲刺跑＋50米匀速慢跑，注意步幅与步频的调整以及呼吸的节奏
动态拉伸	进行8×8拍的动态拉伸，涉及头部、颈部、肩部、背部、臀部、腿部等部位的全面拉伸放松

运动技能训练对促进大学生各项身体素质的提高有着积极影响，具体表现如下。

第一，运动技能训练的训练方法相对多样化，学生有较高的练习兴趣，且训练动作容易掌握，更加注重动作模式的完善而非单一的肌肉力量训练，所以提升幅度相对更大。由此可见，运动技能训练对速度素质产生了显著的促进作用。

第二，运动技能训练在训练过程中方法灵活多变，能够很好地提高学生动作的协调性，在提升学生健身健美操运动成绩的同时也能提高动作质量，并且使学生的全身力量得到了更好的锻炼。

第三，运动技能训练配合健身健美操动作的学习，对大学生的柔韧素质具有显著的促进作用。此外，运动技能训练在提升学生静态柔韧性的同时对肌肉的弹性和关节的灵活性也起到了很好的提升作用，能够在传统体能训练的基础上进一步提升动作的幅度。

第四章 高校健身健美操的教学与创新

基于此，要想进一步优化高校健身健美操运动技能训练，需要注意以下几点。

第一，在进行运动技能训练时，要遵循因材施教和循序渐进的原则，根据不同学生的基础水平因材施教，科学设置七大板块的练习方法、运动强度及运动负荷，不定期对学生的基础运动能力进行检查，在确保不会造成运动损伤的情况下尽最大可能全面锻炼学生的各项身体素质，预防运动损伤，这样才能更为有效地保证学生身体素质的稳步提升。

第二，本书通过研究发现，大学生的身体素质在运用运动技能训练后比训练之前得到了显著提升，而且运动能力也得到了相应提高。但传统体能训练也是身体素质训练中不可或缺的一部分，应科学看待二者的优缺点，合理运用，整合更适宜大学生的训练内容。同时，运动技能训练的适用性更强，方法相对简单，又有着不受场地限制的优点，学生不仅可以在体育课堂上进行锻炼，而且可以自行在课后时间进行锻炼，也在一定程度上使体育课堂的教学内容更加丰富。

运动技能训练和传统体能训练都可以有效地提高学习健身健美操的大学生的身体素质，在其他项目中应用运动技能训练时，应根据不同项目所需的专项素质，合理结合两种训练方法的优点，整理出一套符合专项素质特点的训练体系。在体育课堂中，教师可以将运动技能训练同传统体能训练相结合进行更加科学有效的教学，运动技能训练的新颖内容与全面性和传统体能训练的单一大肌群练习的搭配会激发学生的兴趣，培养学生主动进行身体素质锻炼的习惯。

第三，将运动技能训练应用到高校体育课堂中是切实可行的，教师在进行教学设计时，应充分了解本专项的项目特点及运动技能训练的各种手段，与课堂教学内容相适应，合理分配课堂教学与素质训练的时间，要根据教学内容把握好素质训练的周期和强度，根据周期增加相关训练器材的数量及种类，定期完善训练内容和方法，保证课堂中素质训练的实效性，以达到学生专项素质与全面素质共同提高的目标。

二、高校健身健美操的教学指导

（一）高校健身健美操的教学设计

1. 高校健身健美操教学设计的依据

设计高校健身健美操的教学内容，即通过健美操让学生知道学什么、了解什么以及掌握什么。教师应根据健身健美操运动特点、学练规律、大学生身心发展特点和体能训练规律以及学校教学现状进行模块教学内容的详细制订。

第一，大学阶段对健身健美操教学内容的课程标准要求。新课标要求学生达到水平目标时，能知道健美操基本知识以及进行健美操锻炼对健康的益处；能较为熟练地完成一两套动感强、力度大的成套动作，并能积极表现健美操的力量、速度和美感；能自编自练简单的健身健美操，能掌握科学制订锻炼计划的方法；同时，能发展上下肢肌肉力量、耐力、腰腹肌力量和柔韧性，能通过多种练习控制体重等。

第二，高校学生身心发展特点。大多数高校学生都在 20 岁左右，生理发育还不完善，体形的变化不稳定，心肺功能增强，智力发展趋于成熟，并且大多数学生精力充沛，兴趣广泛，爱玩爱动，乐于参与体育活动，具有较强的接受新事物的能力，因此在进行教学设计时，教师应合理把握高校学生的身心发展特点，从各个方面使学生得到提高。

第三，健身健美操的教学内容分类。健美操知识类教学内容一般包括健美操的发展史、概念、特点、分类、作用等；技能类教学内容一般包括健美操的节拍、节奏、基本步伐、动作方向、路线等；方法类教学内容一般包括创编健美操的方法、制定科学锻炼的方法、合理掌握运动量的方法、各种素质练习的方法等；体能类教学内容则是通过多种练习发展力量、耐力和柔韧性等。

第四，体能训练规律。体能不仅是运动能力的重要表现形式，而且是其他运动能力表现形式的基础。体能包括与健康有关的体能和与运动技能有关的体能。前者包括心肺耐力、柔韧性、肌肉力量、肌肉耐力、身体成分等，后者包括运动所需要的速度、力量、灵敏度、协调性、平衡性等。

因此，在进行健身健美操教学设计的时候，教师要结合健身健美操的学练实际，安排学生进行一般体能和专项体能的练习，如踝关节力量练习、核心力量练习、折返跑练习等，并采用具有趣味性、竞争性的练习形式，不仅要教授学生动作，还要传授学生练习方法，并鼓励学生在课下也能坚持进行体能的练习。

2. 高校健身健美操教学设计的原则

（1）主体性与主导性原则

在高校健身健美操教学中，强调学生的主体地位以及充分发挥教师的主导作用是教学设计与实施中需要遵循的首要原则。

第一，尊重学生主体性的重点就是要激发学生学习的主动性。在进行健身健美操教学设计时，教学环境以及学习环境的创设应兼顾学生的思想，注重学生的主动性，灵活运用学习资源，适度将学习主动权交给学生，使学生形成在教师的调控和培养下自主地、能动地获取知识的意识，自觉养成学习健身健美操的习惯。

第二，教师以辅助者、引导者以及促进者的身份帮助学生进行学习。教师的主导性体现在整个课堂节奏的把控上，使课程的教学设计与学生的认知规律相适应，同时为学生提供丰富的学习资源、学习指导和便捷的学习条件，高效地实现教学目标，突出线上指导的时效性和高效性。

（2）交互性与简便性原则

师生之间的交互具有特殊性，具体而言，指的是师生之间、教学要素之间发生的资源信息及情感的流动，教师和学生都是教学信息的发送者和接收者。

在教学过程中，教师应该采用多样化的交互类型和交互方式，重视交互内容的丰富性和特殊性。交互的效果取决于课程的整体教学设计、为学生提供学习支架、学习任务等因素。

从教育传播的角度看，教育教学交互活动是信息之间的相互交流与沟通，通过相互交流、沟通、碰撞来实现知识的反馈与更新，实现个人的不断学习。学生可以通过与技能掌握较好的组长或班长交流，从而促进对技能的掌握。

研究表明，大学生的最佳注意力大约可以持续10分钟，因此在教学设计中，教师应结合学生的视觉感知和记忆的特点来把握时间。教师可以将关于健身健美操教学内容的图文发布到网络教学平台上，布局简洁美观，设计成碎片式的内容，图文并茂且详略得当、突出重点。

（3）系统性与适度性原则

系统性原则指在教育教学过程中，教师按照一定的、内在的逻辑关系，由浅入深、系统连贯地进行教学。教师应从学生的视角出发，基于网络教学平台的教学设计，遵循系统性原则，将知识点碎片化地进行推送后再整合这些知识点。知识点的推送应循序渐进，由易到难、由少至多、由点到面。

此外，教师还应遵循适度性原则，既要考虑在教学设计中的教学内容是否适合通过网络平台进行教学，还要掌握好对微信交流平台的运用，不能使学生对其产生依赖，厌倦课堂等；既要明确指出学生的错误动作，又要给予鼓励，否则极易适得其反。

（4）实践性与综合性原则

在高校健身健美操教学内容体系构建的过程中，既要突出实践性，也要体现综合性，其中综合性包括知识性、文化性等。健身健美操教学是一种以技术教学为主要内容的实践性活动,其体系的构建首先要结合教学的实践性与知识性,在实践活动中结合知识的传授、体质的增强、品格的培养、情意的养成等;其次要结合教学的文化性,丰富教学内容文化内涵,有利于学生树立对健身健美操的正确认识,培养其正确的体育价值观和体育道德,并具有良好的健身价值。

(5) 整体性与衔接性原则

整体性和衔接性原则是指在构建健身健美操教学内容体系时,应将健美操教学的相关内容作为一个整体,对教学内容进行合理的选择和有序的组织安排,同时考虑运动项目所包含的知识内容在不同阶段的衔接。

高校健身健美操教学的衔接性不单单是指不同阶段内容的衔接,还包括与高中阶段健身健美操教学内容的衔接或者是与学生原有基础的衔接。因此,健身健美操教学内容的选择和内容体系的构建应建立在中学体育教学体系和学生的运动基础上,减少无效重复的内容,实现大、中、小学体育教学一体化改革,培养学生终身体育的意识和习惯。

(6) 统一性与灵活性原则

目前,大学阶段的体育教学依据的是2002年颁布的《全国普通高等学校体育课程教学指导纲要》,要求构建的健身健美操教学内容体系要与课程标准的要求相统一,并且符合课程标准所制定的课程目标。因此,健身健美操教学内容体系不仅要在内容设置方面与课程标准保持一致,以便体育教师执行教学,而且要面向全体学生,有一个基本的要求和相对统一的标准,为健身健美操教学设立一个比较规范的目标。

当今教育发展的重要特点之一是扩大学校自主办学的权利,课程实行国家、地方、学校三级管理制度,因此健身健美操教学内容体系的设计必须考虑地域环境、学校设施配备和学生的身心状况、运动基础、接受能力等各方面的差异,各地各校可以自由地选择教学内容,具有灵活性的特点。只有结合统一性和灵活性进行内容体系的构建,才能最大限度地促进不同地区、不同类型学校、不同情况的所有学生身心全面发展。

(7) 继承性与发展性原则

随着社会需要、教学改革的变化,大学体育课也处在不断变化中,因此,继承性和发展性原则是在构建健身健美操内容体系的时候必须考虑的原则之一。正如不同的社会需要和教学改革是一定历史阶段的产物,健身健美操教学也是某一时期的产物,有的教学内容如基础的原理性知识和具有民族文化特色的操舞动作等，都是优秀传统文化的传承，是亘古不变的，一直保持着继承性的特点，应该遵循继承性原则。发展性原则是指另外一些如时尚操舞类动作的内容融入了不同风格的元素，是不断发生变化的，要顺应时代和教学改革的需要而发生变化。

（二）高校健身健美操的教学目标

在教学中，教学目标起着非常重要的作用，它决定着教育教学的方向，指导和引导着学生具体的学习行为。教学目标是一个整体，具有课程、单元、课时目标这三层结构。教师应依据新课程标准，在传统健身健美操教学目标的基础上设计更加合理的三维教学目标。

1. 知识与技能

使学生能够更全面地掌握健身健美操教学的理论知识，通过线上预习的方式，使学生深刻认识健身健美操运动的规律和项目特点，建立健身健美操技术动作概念，线下规范且熟练掌握健身健美操技术动作，系统理解技术动作的要领、教学方法及步骤，发展自己的教学与指导能力，通过创编成套动作，发展创新能力，形成线上线下完整的专项教学内容结构。

2. 过程与方法

使学生学会学习，获得丰富的健身健美操学习体验，并将在线上线下混合教学中学到的健身健美操知识运用到以后的健身服务、指导等实际中。

3. 情感态度与价值观

在新式的教学环境下，学生与教师之间线上互动探讨增进情感交流，学生在线下练习健身健美操技能的同时培养自身的集体意识以及互助意识，提高社会交往和协作能力，养成乐观积极的心态与勇敢顽强的品质。

（三）高校健身健美操的教学内容

高校健身健美操的教学内容全面，既有理论讲解，又有实践操作。实践部分采取课堂练习与课外练习相结合的方式。目前，各高校虽开设了健身健美操课程，但还没有配套的健身健美操教材，仍旧按照教学目标和教学大纲设计健身健美操的教学进度与教学内容。

在教学实践中，教师可以以《健美操运动教程》和其他相关书籍为理论指导，根据教学目标相匹配原则对健身健美操网络教学平台上的网络资源进行选择并有效利用。在设计健身健美操教学内容时，应以实际的体育市场需求为导向，根据健身健美操理论知识与技术动作学习的规律与步骤进行设计,且整个健身健美操的教学以线下教学为主,将网络教学平台作为线上辅助教学平台。

关于教学实践内容的制定与教学进度的安排,一是以高校健身健美操课程的培养目标、教学大纲为要求,通过健身健美操教学的理论、技术、实训主题创编,提高学生观察、讲解、讨论以及创新思维与实践等综合能力。二是本学期教学内容的选择,教师自编的健身健美操基本步伐组合和有氧搏击健身操、街舞健身操等内容。三是为了培养学生的实践与创新能力,通过健身健美操创编的方式来拓展其专项技能。教学重点主要在于通过培养学生的基本素质、基本知识、基本能力来提升学生的技能服务能力。另外,在具体的教学过程中,健身健美操教学尝试将理论教学,如健美操概述、健身健美操的创编等穿插在各类健身健美操技术内容的教学过程之中,进行详细讲解,将理论与实践相结合使教学内容灵活丰富。

在教学内容设计中,根据网络教学平台的特点以及线下教学的需要,可以将每堂课的教学内容分为教学视频、文本资料和扩展资源等几个部分。教学视频是教师根据每节课要讲授示范的技术动作进行录制的,提供微视频便于学生根据自己的实际情况进行在线学习。文本资料是每次课的健身健美操技术动作的电子版资料以及技术动作的重难点,学生通过课前自主学习与课后反复内化知识的方式,对健身健美操技术动作进行深入理解与掌握。还有其他扩展资源,学生通过对这些丰富的教学资源进行学习,可有效提升其学习效果。

(四)高校健身健美操的教学评价

在教学过程中,为使整个教学评价更具合理性、恰当性,有说服力,教师应根据教学目标采用多种评价方式相结合的方式对学生的学习进行评价。健身健美操教学的过程性评价主要包括课堂出勤率、学习 App 签到情况、作业完成质量与学习态度以及观看教学视频、回答教师提问、参与讨论、小组协作的情况等,终结性评价主要是技能测试和身体素质测试。

本书通过借鉴相关研究者的研究成果,根据培养目标、教学大纲、学生实际情况,并根据多位具有教学经验的专业教师给出的意见和建议设计了健身健美操教学评价标准表。在此表中,过程性评价+终结性评价=学生的期末综合成绩,具体如表 4-2 所示。

第四章 高校健身健美操的教学与创新

表 4-2 健身健美操教学评价标准表

评价类别	评价方式	评价内容	评价要求	评价比例
过程性评价	线上评价	课程学习完成情况 作业完成质量 学习态度 平时测试完成情况 互动与自评情况 互动、讨论与交流情况	按时提交；动作完成规范并正确，视频拍摄清晰直观；作业提交及时和修改认真；积极参与小组间技术互评，自主学习反馈情况；学习App与微信互动频率高，发言质量与观点明确、讨论积极	15%
过程性评价	线下评价	出勤率 回答教师提问 课中互动与讨论情况 互评与自评情况 课堂练习成果展示情况 单元技能测试 半期技能考试	缺勤次数少、回答问题次数多；遵守课堂纪律、积极发言和参与小组讨论；积极参与技术互评与自评；配合组员完成练习任务；练习过程表现良好，动作完成规范、正确	15%
终结性评价	线上评价	5级动作、主题创编自评与互评 创编理论（PPT与Word版）	按等级进行评价，评价动作设计、动作完成、表演和团队精神，评价主题风格、创编思路、受众定位、动作内容、作品特色、人员分工	10%
终结性评价	线下评价	期末考试	动作完成规范、正确、流畅，上下肢配合协调、姿态控制好，表现力强，动作与音乐配合协调	50%

第二节　高校健身健美操的创新发展

一、高校健身健美操创新发展的基本原则与基本要素

（一）基本原则

1. 目的性原则

在健身健美操的创新发展中，遵循目的性原则能够更加高效地达到创新发展的目的，使整体的创新发展过程更有时效性、组织性、目的性。

在编排健身健美操的成套动作之前，创编者需要明确成套动作的创新发展以健身或娱乐为目的，还是以表演或竞赛为目的，或是以课堂教学为目的。因成套动作创新目的和任务的不同，会直接影响创编者对成套动作的结构、动作的难易程度、动作的特点和音乐的选配等相关要素的选择。因此，明确创新发展的目的有助于成套动作创新过程有序进行，创新过程更具有时效性、组织性、目的性，从而达到事半功倍的效果。

2. 全面性原则

全面性原则是指在创新发展健身健美操的过程中，选择的内容应注重学生的身体素质、运动能力、生理机能的全面协调发展，以及头、肩颈、上下肢、躯干和其他身体部位的全面协调发展。成套动作的创新不能单纯地进行运动能力的培养或体育文化的传承，学生学习成套动作具有主观能动性，对所学习的知识具有接受和选择的权利，因此对于所选择的教育知识应注重全面性。

3. 科学性原则

科学性原则是指一套完整动作的创新发展要符合体育运动规律。健身健美操的科学性原则分为两个方面：一是运动负荷科学合理；二是动作设计科学合理。在全面运动的基础上，应注意动作锻炼的科学性，包括身体各部位的均匀运动和适度的运动负荷强度。运动量从小到大逐渐增加，达到一定的峰值后逐渐减少，回到运动前的状态以防止出现运动损伤。因此，健身健美操的创编者不仅必须了解大学生身心发展的特点，而且必须具有运动生理学和运动解剖学等其他学科的理论知识。

4. 针对性原则

根据学生的年龄、性别、能力、爱好和身体情况等，以及发展或改善身体某部分的需要，有针对性地创新发展各种形式的健身健美操，旨在达到学生的既定目标。

针对大学生群体学习能力强、兴趣广泛、精力充沛、朝气蓬勃和新陈代谢旺盛的特点，结合健身健美操参与人数众多的情况，创编者应有针对性地进行简单易学、流畅自然、趣味性强、练习幅度大和力度强的成套动作创新，并将成套动作的运动负荷严格控制在中低强度，从而降低学生练习的心理及生理负担，促进人体的全面发展，增进健康，塑造体形，陶冶情操。

5. 艺术性原则

艺术性原则是指成套动作和音乐编排应具有欣赏性和美学效果。众所周知，艺术源于生活，创编者要具备发现美的眼睛，学会观察大自然的变化，敢于挑战新事物，勇于创新，结合国内外的艺术展演、舞台剧和网红舞等，编排出符合时代特点的独创成套动作。同时，动作编排要有留白，为集体队形留出一定的创新发展时间和空间；服装色彩搭配与成套动作、音乐表达效果相统一，使成套动作在展示过程中给予观众和裁判强烈的舞台效果。

6. 健身性原则

大学阶段的青少年是体育教学的重要目标群体，他们的健康状况更关系到国家和民族的未来。当前，我国各级学校都要贯彻"健康第一"的指导思想，要将学生的身体健康放在一切教育工作的首要位置，通过健身健美操教学和体育锻炼，实现学生在身体、心理和社会适应能力方面的全面提高。

7. 因材施教原则

为了实现"将一切知识教给一切人"的人文主义教育目标，必须坚持因材施教原则。具体来讲，就是要根据受教育对象的身体健康状况、运动基础、运动兴趣和爱好以及现有基础设施等因素，确立教学目标，选择教学内容和教学方法并加以实施。

8. 知识技能并重原则

在健身健美操教学中，学生通过直接身体运动体验来获取健身健美操知识和培养技能。教师应当将知识传授与技能培养融为一体，既不能忽略基础知识的传授，也不能忽略技能的培养，从而帮助学生树立终身体育的意识。

9. 身心协调发展原则

健身健美操的教学过程必须坚持贯彻身心协调发展原则，培养德智体全面发展的人。要坚持身心协调，就不应将教学重点仅仅放在学生的身体层面，更应当关注学生的心理层面，帮助学生形成健全的人格与养成良好的社会适应能力。教师既要促进学生身体形态的改变和身体技能的提升，又要对学生的心理、情感、意志品质等产生良好的正迁移和影响。

通过对健身健美操创新发展的基本原则的分析和论述可以看出，在进行健身健美操创新时只有遵循以上原则，才能少走弯路，才能提高创新的科学性，保证创新的成功率。

（二）基本要素

在推进高校健身健美操创新发展时，创编者应准确了解成套动作的创新发展要素，包括音乐要素、动作要素、时间要素和空间要素。每个要素都是健身健美操成套动作中必不可少的一部分，呈现的效果相互影响。

1. 音乐要素

健身健美操的音乐要素是成套动作中单个动作有效组合的媒介。从表面来看，音乐起到统一动作节奏、提示动作、呈现动作空间层次和把控动作完成时间长短的作用；从深层次来看，音乐影响着成套动作风格、主题、情感和意境的表达。此外，音乐要素可以有效调节健身健美操的学习氛围、提高学生的学习热情和减轻学习压力；激发创编者的思维和想象力，并为其带来创作灵感。因此，创编者进行健身健美操成套动作的音乐选配时，应明确成套动作创新发展的主题风格和学生的兴趣特点，有针对性地选择以及剪辑音乐。

2. 动作要素

动作要素是健身健美操的要素之一，选择全面、科学和合理的动作进行创新发展，使锻炼者可以在练习中伸展自己的动作，并增强锻炼者的热情和自信心。因此，要获得行业专家认可的一套完整的健身健美操，关键就在于动作的编排。如果说音乐是健身健美操的灵魂，那么动作就是健身健美操的基石。动作编排的好坏直接影响整个健身健美操成套动作的健身效果和艺术性。

巧妙地设计运动的方向和路线可以有效地锻炼人体某些部位的肌肉；灵活地改变运动范围的大小，可以有效地调节运动负荷，达到锻炼效果；有规律地改变运动速度和频率，有利于调节每个肌肉群的工作量。因此，在创新发展健身健美操时，应结合影响锻炼效果的相关因素，编排适合当代大学生的简单、易学、科学、全面和具有艺术性的健身健美操，以帮助他们培养良好的体态，塑造美的形体。

3. 时间要素

根据不同的项目，健身健美操有不同的设定时间，除了比赛对成套动作时间有明确要求外，通常对成套动作运动时间没有严格限制，通常为3～5分钟，以在有氧健身范围内达到最佳运动效果。

创编者要考虑的是健身健美操教授对象的运动水平，创编的成套动作运动时间不宜太长，时间的长短能够将动作速度量化，并将动作表现出不同的力度。由于学生的耐力素质较差，长时间的有氧运动会导致学生产生疲惫。因此，创编者在时间运用上要严格把控，合理的时间安排才能体现出成套动作和音乐的统一性，使得健身健美操的表达更完整，更具有艺术性和健身性。

4. 空间要素

空间要素在健身健美操中体现在动作路线、方向及队形变化移动上，以此表达出成套动作主题及锻炼效果。不同的动作移动能够有选择性地锻炼身体的某个部位肌群。只有强调动作移动的对称性，才能显现出健身健美操的全面性特点。健身健美操的动作方向（人体运动的动作方向）主要包括肢体的基本方向、中间方向和四肢相对运动的方向，如表4-3所示。动作的移动路线主要是直线、曲线和弧线，在人体的额状轴、矢状轴和垂直轴上发生变化。这些方向的区别可以帮助学生确定动作方向，对于快速掌握成套动作非常方便。

健身健美操成套动作中的各个动作在不同的方向和路线的帮助下，科学合理地衔接在一起，在运动场地中朝着不同的方向变化，呈现出丰富多彩的舞蹈姿势，并突出了成套动作主题。

在健身健美操的创新过程中，不仅要根据大学生的运动水平来设计简单、易学和科学合理的动作，而且要强调动作的艺术性和创造性。创编者应合理地利用运动空间，避免过于单一的动作方向及路线影响成套动作的整体效果。

表4-3 健身健美操空间因素一览表

基本方向	中间方向	四肢相对运动的方向
上、下、左、右、前、后	前上、前下、后上、后下、左前、左后、右前、右后、左上、左下、右上、右下	向内、向外、同向和反向

二、高校健身健美操的实践创新发展

高校健身健美操的创新发展最终要落实到实践当中，因此，需要对健身健美操的实践创新发展给予极高的重视。为了更好地研究这一问题，首先要了解健身健美操实践创新发展的基本特征和主要方法。

（一）高校健身健美操实践创新发展的基本特征

1. 综合性特征

综合性特征是健身健美操项目创新发展的基本特征。近年来，体育运动的研究使得越来越多的体育项目广泛融合，包括不同项目之间的融合与不同器械之间的融合等。新项目并不是简单的汇集，而是按照一定科学目的、规律加以分析、归纳、加工、整合与创新研究而成的。

2. 多维性特征

健身健美操实践创新发展的多维性特征，是指创编者对健身健美操项目创新的表现形式和方法是多种多样的，其主要表现在新动作、新环境的创新，动作风格的创新，器械的创新上。创新在方法上的多维性表现在融合创新法、移植创新法等各种各样的创新方法上。

（二）高校健身健美操实践创新发展的主要方法

健身健美操的创新方法是指根据健身健美操的原则和规律组织基本步伐，躯干、上肢和头部动作以形成完整成套动作的手段和方法。它是理论与实践之间的桥梁和途径。在健身健美操成套动作的编排中，应根据创新的目的、学生的年龄和成套动作风格的不同而选择不同的创新方法。有学者通过查阅相关资料以及同类别的项目专家及教师访谈，归纳得出以下六个关于健身健美操创新的方法。

1. 整体法

健身健美操创新发展的第一步是对成套动作进行整体构想。在阐明创新发展健身健美操的目的和任务以及参与者的具体情况的基础上，对整个创编动作进行有针对性的初步构想。创编者应基于成套动作的实施对象、目的、任务、场地和时间要素等规划整套动作风格、主题、组合、持续时长、难易程度和节奏。

整体法在创新发展健身健美操的过程中占有重要地位，这有助于创编者顺利完成成套动作的创新,并为后期的创新奠定基础。此外,创编者可以使用不同的创新方法来创新发展成套动作,使成套动作充满魅力,具有鉴赏价值、健身价值和艺术价值。

2. 组合法

组合法是指将身体的各个部位和各种类型的动作组合在一起的方法。在高校健身健美操创新发展过程中,创编者经常使用创新的原则及方法来创编一套完整的成套动作,这个成套动作符合大学生身心发展的特点。

成套动作由不同的表现方式和不同风格的动作元素组成,具有多元化的特点。因此,创编者往往在健身健美操创新发展过程中重新组合不同的动作元素,运用新的组合和搭配方法,并根据自己最初的总体构想,将音乐结构层次组合在一起,以有序的方式组合各个动作或小节动作,使成套动作的思路清晰并反映出编排层次,从而更好地突出创编者想要表达的主题思想。

3. 多向思维法

学术界的"多向思维"主要是指发散思维,它将思维中的信息传播到多个可能的方向,以激发出更多的新信息。

健身健美操不仅是一项锻炼身体的运动,而且是一种艺术表现形式。因此,在健身健美操创新发展过程中,学会运用多向思维设计一套具有鲜明个性特征和丰富表现形式的动作,可以突破固有的传统思维方式,促进健身健美操的多元化发展。

4. 移植法

移植法是指一个项目接收了另一个项目的技术动作,并对所获动作进行二次创作,从而转化成一个新的技术动作的方法。它是现代健身健美操最常用的创新方法之一,而健身健美操创编者也可以根据创新发展需求灵活使用此创新方法。

根据创新发展的目的和任务,将其他项目的动作移植到健身健美操动作中,或参考民间舞蹈、现代舞和其他运动中的动作,将它们移植并修改为别具一格的单个操化动作、组合动作和造型,从而增加了成套动作的整体艺术性和趣味性。

5. 变化法

变化法是用于健身健美操基础动作创新发展的常用方法之一。它是指通过充分利用基本动作设计,改变动作的幅度、方向、节奏和方式以及其他动作变化因素来设计新动作的方法。这种创新方法具有高度的可操作性,简单实用,创编者可以根据创新原则和人体运动规律创编出各种动作组合。这种创新方法也适用于健身健美操,使成套动作组合更为丰富。变化法主要包括以下四种。

①动作幅度变化法，是指通过更改身体运动幅度来设计新动作的方法。这种方法可以通过调节动作的大小来改变锻炼的强度，以达到锻炼效果。

②动作方向变化法，是指通过改变躯干和下肢所面对的方向而设计出新的动作的方法。躯干和下肢的动作方向不仅是面对一个方向，而且是多种多样的。躯干动作方向通常随着下肢动作方向的改变而改变。

③动作节奏变化法，是指节奏的变化与音乐的节奏和动作的速度变化有关的方法。健身健美操通常是一拍一动，但它会根据音乐的节奏或旋律而变化。也可根据实际情况在慢动作中将其改变为四拍一动，或加快动作为半拍一动。通过改变动作的节奏，创编新的动作内容，呈现出不一样的效果。

④动作方式变化法，是指使用三种冲击力步伐，即无冲击力步伐、低冲击力步伐和高冲击力步伐来设计新动作的方法。每个冲击力步伐都可用于更改一个动作的强度。使用不同的冲击力步伐可以改变健身健美操动作的难度级别和练习强度，同时可以呈现出动作在不同空间层次上的变化。

6. 实践法

实践法是创编者搜集健身健美操动作素材的主要方法之一。它是指创编者体验各种项目以获取动作创新技能的方法。在成套动作创新发展时，与其他创新方法相比，实践法更能使创编者真实地体会到成套动作的难易程度。

通过练习，感受动作，再对动作进行有目的的筛选，以最终确定所要选择的动作；通过练习，及时修改成套动作的难度，有助于提升及推广成套动作。实践法有助于创编者获得新的灵感来源，并为创新发展成套动作提供素材。实践法能够使创编者学会收集动作素材，并在创新发展的实践中灵活地使用它们。因此，实践法的应用对整个健身健美操创新发展活动具有很高的实用价值。

第五章 高校竞技健美操的教学与创新

竞技健美操是我国非奥运优势项目，是我国体育事业的重要组成部分，也是推动我国由体育大国向体育强国迈进的重要内需动力之一。竞技健美操是一项具有高度艺术性和观赏性的体育项目，充分展现了体能与技术、力与美的高度结合。本章分为高校竞技健美操运动技能训练与教学指导、高校竞技健美操的创新发展两部分，主要包括竞技健美操概述、竞技健美操运动技能、高校竞技健美操教学指导、坚定项目文化方向——转变发展理念等内容。

第一节 高校竞技健美操运动技能训练与教学指导

一、竞技健美操概述

（一）竞技健美操的概念

竞技健美操是一项在音乐伴奏下，能够表现连续、复杂、高强度成套动作的运动项目，融合了体操、舞蹈、武术等项目中的难度动作和技巧动作。成套动作的难与新是竞技健美操运动的核心竞争力。竞技健美操一般是在难度动作给定的情况下，重点对操化动作、连接与过渡动作以及动力性配合动作进行改进型创新。难度动作是一套竞技健美操动作的"骨架"，操化动作是其"血肉"，操化动作组合的自由空间越大，越能体现竞技健美操项目特色。因此，对难度组合和操化单元动作的不断创新，是竞技健美操竞技实力的标志之一。在音乐配合下，成套动作的美是竞技健美操运动的灵魂。竞技健美操是一项运动项目，更是一种艺术。从动作编排的艺术思维角度讲，动作编排的艺术思维本质上是形象与表现情感的关系问题。竞技健美操的成套动作包括符合音乐风格的操化动作、难度动作、托举与配合动作以及过渡与连接动作，不可超过2拍以上的动作停顿。竞技健美操的评分标准包括完成分、艺术分和难度分，运动员需要展示出良好的动作流畅性、艺术性、均衡性、创新性、空间性（空中、站立、地面）、完整性以及场地运用能力。对竞技健美操来说，其技术动作的完成质量是获得难度分和艺术分的前提，因此，成套动作的完成质量是竞技健美操运动的生命线。

竞技健美操是在短时间、多维空间进行动作转换，因此，对运动员的身体形态、专项能力提出了更高的要求，这就制约了竞技健美操参与人群的数量和质量，使运动梯队的持续性发展面临极大的挑战。

目前，竞技健美操共有7个比赛项目：男子单人健美操、女子单人健美操、混合双人健美操、三人健美操、集体健美操、有氧舞蹈和有氧踏板，其中三人健美操、集体健美操、有氧舞蹈和有氧踏板4个项目的运动员性别不限，不同性别的运动员在成套动作难度分的评分规则上有所不同。

（二）竞技健美操的项目特征

岳建军等人把竞技健美操的项目特征分为技术特征、体能特征。技术特征包括成套动作的难与新、在音乐的伴奏下成套动作的美和成套动作的完成质量；体能特征主要分为身体形态、运动素质（力量、耐力、速度、柔韧、协调）两个部分。他们认为竞技健美操运动员要身材高挑、四肢修长。

陈艳以竞赛规则为基准，认为竞技健美操的项目特征主要有竞技健美操成套动作的编排情况、完成竞技健美操难度动作的数量、竞技健美操成套动作的完成情况以及竞技健美操成套动作中所表现出的艺术性，而比赛的最后评分也是以竞技健美操项目特点为依据。

李旭等人在对专项体能训练的问题思考中以难度动作选择、动作完成质量、艺术评分三大评分主体为依据，认为竞技健美操完成的基础在于柔韧性，完成的重要核心点在于力量，完成的前提在于速度，完成的保障在于耐力。

侯广奇认为竞技健美操通过连续的成套动作组合，要求运动员在运动场上以动态、静态的动作，包括托举、支撑、配合来呈现出各种复杂连续的成套动作。他认为完成成套动作必须具有强大的体能基础。

彭建敏等人通过理解竞技健美操规则，总结出竞技健美操独有的项目特征：基本在于肌肉的柔韧协调程度，重点在于肌肉的力度，保障在于身体耐力。

综上所述，竞技健美操是一项体现健康、力量和美丽的项目，要求动作的执行力、柔韧性和力量性，即要求运动员在体能较强的基础上完成操化动作、难度动作、过渡与连接动作，最终呈现出竞技健美操的力量感和艺术感。竞技健美操具有技术特征以及体能特征，我们应该抓住这两个特征，推动技术与体能的有机衔接。对于竞技健美操的项目特征，虽然很多健美操教材中都有相关阐述，但不同的作者有自己的理解，这些理解虽然有相似之处，但也有很多不同的地方。

根据我国著名学者田麦久的项群理论（依据不同竞技项目的本质属性之间的异同点划分），竞技健美操项目隶属于技能类难美项群，该项群的特征在于通过运用不同的人体姿态，展示运动员的运动美，在既定规则下，争夺竞赛的优胜。竞技健美操虽起源于有氧健身运动，但随着其竞技性的不断提高，目前已经具备极强的项目特点：以无氧代谢为主，时间短、节奏快、变化多、强度大、技术复杂、感染力强；同时，运动员需要具备较好的爆发力和控制能力，即展示"有控制的快速力量"的能力，以保证在成套动作中展示出较高的动作完成质量、新颖连贯的编排、较好的表现力与艺术性、较全面的技术技能以及良好的体能状态，这就对运动员的体能、技能、心理素质都提出了更高的要求，需要其进行长期的长时间、高强度训练，不断突破生理极限。

（三）竞技健美操的发展趋势

竞赛规则是体育项目在各时代背景下发展的风向标，合理利用现有规则来发挥自身的技术特点是竞技运动的关键所在。尤其是表现难美性的竞技健美操项目，对规则的变化更为敏感。由国际体操联合会主导的竞技健美操竞赛规则一般四年更新一次，透过近几次的规则更新情况可以发现，难度动作更加难度化是竞技健美操的发展趋势，高质量地完成难度动作已成为决定比赛胜负的关键。

新规则对竞技健美操音乐的时长做出了较大改变，缩短了比赛时间，但难度动作和操化动作的数量保持不变，这要求运动员在较短的时间内完成更多、更高质量的难度动作，对项目的成套动作强度提出了更高的要求。新规则对动作编排创新和运动员的身体素质提出了更高的要求，这表明影响运动员竞赛成绩的因素除了自身技术水平外，也与运动员的身体素质和体能储备情况日趋相关。教练员和运动员应牢牢把握新的竞赛规则，为适应新的竞赛条件做好技术和体能准备，通过针对性的训练，使运动员获得更大的竞争优势。

二、竞技健美操运动技能训练

李育林教授从运动员的身体形态、整体力量、力度、运动耐力以及柔韧与协调性五个方面探究了影响竞技健美操运动员体能水平的构成因素，他提出，较好的力量素质能保证竞技健美操运动员拥有较高的整体体能水平，同时也是高质量完成成套难度动作的物质基础。这表明，取得优异运动成绩的关键在于实现难度动作和身体力量的完美结合。而完成难度动作和力量表现意味着运动员要有成熟且稳定的技术体系，以及较高的力量素质水平。从训练学角度来看，运动员日常的技术训练和体能训练情况对他们最终在赛场上的竞技能力表现起着决定性作用，所以可以毫不夸张地说，技术和体能是保证竞技健美操运动员竞赛水平的两块"压舱石"。

（一）竞技健美操技术训练

竞技健美操的竞赛规则完整地体现了这项运动的特点，由规则可知，该项目的评分主要来自三个维度：艺术性、完成度和难度。所以，竞技健美操运动员的技术训练通常从操化动作、难度动作、各动作的过渡与连接和托举层面来展开。从动作难度的分组来看，主要包括 A 组动力性力量类（如俯卧撑、提臀起等）、B 组静力性支撑与水平类（如直角支撑、后举腿静力文森支撑等）、C 组跳跃类（如跳转 360°、屈体分腿跳等）和 D 组柔韧与转体类（如单足转体 360°）。常见的难度动作组合有 A 组与 C 组的组合，如跳步接俯撑类难度动作等。

运动员技术动作的丰富度与熟练度是最终得分的直接参考依据，技术动作的完成质量是获得艺术性和难度得分的前提，所以竞技健美操运动员的技术训练占日常训练的绝大部分。在队伍的组建过程中，许多教练员会把运动员完成高难度动作的数量与质量作为选拔队员参加比赛的重要标准。而在日常技术训练的内容安排上，操化动作和难度动作的练习也成为训练的重点。

（二）竞技健美操体能训练

根据竞技健美操动作难度、连续性和多种动作组合的项目特征可知，运动员的力量、柔韧性、专项速度、无氧耐力以及神经对肌肉的控制能力水平在很大程度上会影响运动员的操化动作表现，进而左右比赛的胜负。而从最新版的竞赛规则对竞技健美操的定义中可以看出，力量素质是影响该项目最终运动表现的重要因素，是运动员完成成套动作的基础，力量的提升可以显著地提高竞技健美操运动员专项体能训练的针对性和有效性。

完成高质量的难度动作是获得高分的关键，在 A 组和 C 组难度动作中，有许多动作需要在空中完成（如提臀类和分切类动作），所以运动员的腾空高度是完成这类动作的前提条件。岳建军教授的研究显示，竞技健美操运动员在比赛中的起跳高度和落地稳定性与髋、膝、踝关节的肌肉力量高度相关，这表明竞技健美操运动员的下肢力量水平对跳跃表现至关重要。总的来看，竞技健美操运动员的专项体能训练应以提高力量素质为核心，以发展关节柔韧性和无氧耐力为重点，为高质量完成难度动作、表现整体协调美打好基础。

三、高校竞技健美操教学指导

（一）竞技健美操基本动作教学指导

1. 基本轴控制教学

（1）站立控制

①基本站立控制。双腿夹紧，收腹挺胸，立腰立背，肩胛骨下旋的同时双肩下沉，在没有墙壁支撑的情况下进行学练。运动者应保证身体用力感和有墙面支撑物时相同，同时切身感受这种身体姿态。

②双手叉腰提踵站立控制。在基本站立控制练习的基础上，双手叉腰，同时双足提踵，保证身体垂直轴控制能力能伴随身体重心的提高而提高。此外，运动者要切身感受后背的感觉以及身体垂直轴的控制。

③双手叉腰，提踵行进间垂直轴控制。在双手叉腰提踵站立控制练习的基础上，提踵行进间走，可向前或向后行走，在身体重心发生移动的前提下完成垂直轴控制练习。

（2）纵跳控制

①原地纵跳控制。在站立控制练习的基础上，双膝微屈，蹬地向上，借助踝关节力量，向上纵跳。在练习动作的过程中，体会腰腹、臀部收紧，身体呈一条直线，感受身体垂直轴的控制。运动者完成原地纵跳控制练习时需要达到的要求是提气、收腹、立腰，头尽量往上顶，有落地缓冲。

②负重原地纵跳控制。在原地纵跳控制练习的基础上，在踝关节上绑上沙包，在增加负荷的情况下进行身体垂直轴控制练习。

因此，基本轴肢体动作控制能力包括动作力度控制能力、动作速度控制能力、动作幅度控制能力、动作方位控制能力。动作力度控制能力是运动者对各部位肌肉用力大小、用力顺序的准确体会和控制的能力，不仅体现在动作过程中，而且体现在动作的制动上。健美操中的动作速度控制能力是改善快速发力的能力，受运动者自身的爆发力以及力量的影响。锻炼动作速度控制能力的最佳方式是多次数、高频率地重复同一动作练习和随机改变音乐节奏，让运动者随音乐节奏练习动作，使运动者在熟悉技术动作和运动轨迹的情况下使技术动作达到自动化程度。肢体动作幅度直接影响着技术动作的完成质量和专项能力水平，在训练过程中动作幅度控制能力主要通过多次数的重复定位来提高。健美操基本动作的方位控制不仅表现为肢体准确到达某一预定位置，而且表现为动作路线的准确清晰。动作方位控制能力能够体现运动者自身对空间位置及运动时间的感知能力，多次重复训练能够有效提高运动者对时间、空间的感知能力，从而具备准确的方位控制能力。

2. 身体姿态教学

身体姿态是指人体的外部形态与内部形态的不同特征。身体形态主要包括：反映人体的外部形态特征的主要指标有高度（身高、坐高、足弓高等）、长度（腿长、臂长、手长、头长、颈长、足长等）、围度（胸围、臂围、腿围、腰围、臀围等）、宽度（头宽、肩宽、髋宽等）和充实度（体重、皮脂厚度等）等；反映人体的内部形态特征的主要指标有人体的心脏纵膜径、肌肉的形状与膜断面等。具备良好的身体形态可以帮助运动员完成一系列成套动作，体重轻、克托莱指数低的运动者可以选择难度较高的动作，在成套表现中会更协调、轻盈。竞技健美操水平高的运动员四肢肌肉匀称协调，身体的肌肉比例好，体脂低，臀部肌肉紧致、突出且肌肉呈条形。每个单项都有其所对应的最佳身体形态指标。在其他条件相同的情况下，运动员的形态指标越符合项目的最佳指标，对比赛结果的作用越大。根据项目特点及最佳身体形态指标科学选拔运动员并采取合理有效的手段对其进行训练，以达到理想的身体状态，对提升获胜优势至关重要。竞技健美操是竞、难、美的体育运动项目，运动员的外部形态对竞技表现将产生极大的影响，要求运动员身材高挑、身体匀称、五官端正、颈部略长、锁骨和肩胛骨较平、四肢稍长、手臂长、腰部围度小、小腿长、跟腱细长清晰、肌肉呈条形等。

（1）站立姿态

脖子自然地伸直，下巴微微下垂，目视前方，还可以在头上放置一本书，以保持身体的平衡，做运动训练；双肩垂直抬起，直到肩膀发麻，然后用力放下，

第五章　高校竞技健美操的教学与创新

双腿并拢，身体保持挺直；脚底用力，臀部和大腿肌肉绷紧，稍微向上提起髋部；当收紧臀部时，腹部尽可能地向里收缩，并把身体往上拉，使身体往上提，保持一段时间，再放松。参加此项训练的有氧运动选手应该加大训练量，并确保呼吸均匀。

（2）头颈姿态

①低头。两手叉腰，立正站好。挺胸，下颌贴住锁骨窝处，颈部伸长，然后还原。运动者应循序渐进地加快速度，切实感受低头时控制肌肉的感觉。

②抬头。两手叉腰，立正站好。头颈后屈，然后还原。运动者应循序渐进地加快速度，切实感受抬头时控制肌肉的感觉。

③左（右）转。两手叉腰，立正站好。头向左（右）转动，下颌对准左（右）肩，然后还原。运动者应循序渐进地加快速度，切实感受左右转头时控制肌肉的感觉。

④左（右）侧屈。两手叉腰，立正站好。头向左（右）侧屈（左耳向左肩的方向，右耳向右肩的方向），然后还原。

（3）上肢姿态

①掌。基础掌形是五指分开的手形和五指并拢的手形。五指分开的手形的基础要求是五指张开，力量集中在指尖；五指并拢的手形的基础要求是大拇指的第一指微微弯曲，其余四根手指伸直，五指保持在一个平面上。竞技健美操运动员要根据基本掌形的有关规定掌握手掌形态，并在此基础上掌握各平面的掌形。

②拳。竞技健美操运动中的拳比其他手型呈现出的动作力度感觉更加显著，实心拳就是具有代表性的拳。

③指。在竞技健美操的发展过程中，指的手形动作逐步产生，剑指就是一个代表，其具体动作要点是大拇指、无名指和小拇指弯曲，食指和中指并拢伸直。

④特殊风格手型。在竞技健美操音乐多样化的影响下，竞技健美操运动员表现自身风格的手形动作同样呈现出了多样化特点。在竞技健美操运动积极汲取各类文化的过程中，西班牙手型和阿拉伯手型等特殊风格的手形相继产生。

⑤手臂。两臂上举、侧举、前举、后举、前上举、前下举、胸前平屈、侧举屈肘等练习。

（4）躯干姿态

负重仰卧起坐和健身球俯卧撑都能提高竞技健美操运动员的躯干稳定性和躯干灵活性。

总之，身体正确姿态的控制技术是指在整套动作过程中，人体保持一种合理的、准确的、具有平衡性的姿态，对身体的三个轴与面进行控制的技术。在完成成套动作的过程中，要求运动者从开始动作至结束动作均保持正确的身体姿态，包括上肢，头、颈、肩、上臂、前臂相对于脊柱的位置，重要的是脊柱本身的正确位置；下肢，髋、膝、踝的位置；身体的上下、左右、前后的状态相对于脊柱的合理分配。

3. 身体弹动教学

（1）踏步

①直立踏步。上体直立，脚踏下时从脚尖过渡到全脚掌落地，支撑腿落地时膝关节伸直，两臂屈肘体侧，前后自然摆动。

②弹动踏步。按音乐节拍步法，双臂与下肢依次前后摆动。在踏步的时候，当摇摆腿屈膝抬起的时候，支撑腿也会微微弯曲；当摇摆腿落地的时候，支撑腿也会保持笔直。学习弹动踏步的时候，可以先用缓慢的速度来练习，然后逐渐加快速度。以站立式步法为基础进行弹动踏步，能够使身体体会到不同的运动感觉。

（2）蹬、伸

①基本蹬伸。一脚踏在踏板上，然后用力快速向上蹬直，保持身体垂直轴的控制，两腿依次进行。

②负重蹬伸。小腿绑沙包做蹬伸练习，使身体在增加负荷的情况下进行练习。两腿依次进行，反复练习。

③原地髋、膝、踝关节弹动性练习。两脚并拢，脚尖随着音乐节奏抬起落下，同时膝关节伸直、弯曲，脚跟始终不离开地面，两臂屈肘于体侧，前后自然摆动。

（3）踢、跳

①弹踢。支撑腿的膝、踝关节弹动的同时，另一条腿有控制地进行弹踢小腿，膝、踝关节有控制地伸展。可进行单腿不间断的弹踢，也可两条腿交替练习。在两条腿交替弹踢的过程中，支撑腿的踝关节始终保持有弹性的屈伸，原地动作练得熟练且有一定弹性时，可以进行行进间的弹踢训练。

②弹动纵跳。弹动纵跳动作共4拍。1、2拍原地屈膝弹动，手臂配合下肢的同时前后摆动。3拍向上纵跳，手臂顺势上摆至上举。4拍落地缓冲，手臂顺势下摆至体侧。

③原地连续小纵跳。两脚并拢，足尖始终不离开地面，足跟随音乐节奏抬起落下，两臂屈肘于体侧，前后自然摆动，做踝关节屈伸的训练。

4. 移动重心教学

身体重心节律性弹动技术是指在完成一整套动作时，使自己的动作保持规律性的起伏状态。这样的动作状态在其他体育竞技项目中都不存在，体现了竞技健美操独有的特点。在完成动作的过程中，运动者自始至终配合音乐而动，并在控制自身身体节奏的同时，使音乐风格与编排动作保持协调一致，并将身体重心的变化与运动展示协调配合，使整个动作完成过程在音乐节奏的衬托下显得更具特色，更具观赏性、艺术性和竞技性。健美操最基本的特点就是身体重心节律性弹动，这种技术特点也展现出竞技健美操独树一帜的美。

（1）原地移重心

立正，两手叉腰。左腿前（侧）擦地，右腿蹬地，重心迅速前移成右腿后点地，收右腿还原呈预备姿势，反方向重做一次。参与这项练习的运动者应确保自身达到几项要求，即两腿伸直、蹬地移重心、保持上体姿态、脚面外翻。

（2）跳移重心

①并步跳移重心。左脚前三位站立，两臂侧举。左脚向前上步，同时稍屈膝，重心随之前移。接着左脚蹬地跳起，同时右脚向左脚并拢，空中成三位脚，右脚落地。在练习的过程中，运动者要保持挺胸、收腹、立腰的上体姿态，同时科学控制身体重心。

②剪刀跳。左右剪刀跳连续进行，身体重心始终保持左右平移而没有上下起伏。练习时，两脚都不离开地面，通过两腿膝关节的依次屈伸左右平移身体重心，然后加上跳步进行剪刀跳的练习。同时注意保持好上体姿态，挺胸、收腹、立腰，控制好重心。

（二）竞技健美操难度动作教学指导

竞技健美操属于技能主导难美类项群。近年来，随着竞技健美操在我国的迅速发展，竞技健美操的比赛竞争也越发激烈。规则演变也推动着竞技健美操朝着"难""稳""准""新""美"等方向发展，如何在比赛中良好地发挥并取得良好的成绩、如何更好地指导运动员训练，一直是运动员和教练员努力追求的方向。在健美操比赛中，运动员的最后得分由艺术分、完成分和难度分三项构成，艺术分包括运动员音乐的选择、操化动作的编排、操化动作与音乐之间的配合等；完成分是指运动员在完成难度动作时的质量；难度分为成套动作中所选用难度动作的总分（但如果难度动作没有完成则不计入难度分），在比赛得分相同的情况下，难度分高的运动员获胜，由此可以看出难度动作在竞技健美操中的重要性。完美地完成难度动作可以给评委带来强烈的视觉冲击，无形中也影响了艺术分的得分。在比赛中运用最多的难度动作为 C 组难度动作和 D 组难度动作，完成 D 组难度动作要具备良好的身体控制能力、平衡能力以及柔韧性、协调性等身体素质。虽然在比赛中 D 组难度动作对体能的要求不高，但其在比赛中的失误率极高，这直接影响到运动员最后的比赛成绩。

《2017—2020 年竞技健美操评分规则》把 D 组难度分为五组，第一组为劈腿组、第二组为转体组、第三组为平衡转体组、第四组为依柳辛组、第五组为踢腿组，在完成所有技术动作时必须展现正确的身体姿态，如劈腿组，腿必须伸直呈一条直线；转体组，所有动作支撑脚转体的角度必须完整且在转体动作中脚后跟不能触地；依柳辛组，开始位置的头、肩、胸、髋、膝、脚必须在同一方向，动作过程中劈叉必须达到 180°。D 组难度动作的完美完成不仅能够增加整套动作的艺术分和完成分，并且能够增强运动员的自信心，使整套动作看起来更加优美，更加具有观赏性。

1. 旋腿与分切类难度动作教学

（1）直角支撑成仰卧

双杠上，运动员两臂伸直支撑身体，含胸收腹、抬头，两腿并拢。两腿慢慢前伸，两脚分别放于地面，至身体伸直，身体后收至开始位置，反复重复练习。当运动员充分掌握技术动作后，应由双杠逐步过渡至地面，在腰腹肌能力逐渐提高的基础上，双腿前伸时逐渐并拢，逐步达到技术动作对应的要求。

（2）直升飞机

①摆动绕环。分腿坐于地面，前腿摆动过身体使另一条腿迅速跟上摆动，形成两腿均摆过身体呈 360° 圆周，3 个一组，练习 3 组。

②直升飞机成纵劈腿。由分腿坐姿势（股四头肌）开始，单臂后支撑并用主动发力腿扫腿（髂腰肌、大腿内侧肌群）从另一条腿上经过，双腿准备依次绕环。当发力腿划过身体时，上背部躺倒并紧贴地面，两条腿依次划过身体时，后背在地面转体 180°，最后转身以俯卧撑状态（肱二头肌、肱三头肌）结束，结束时，俯卧撑姿势头顶的朝向与起始时面部朝向相同。

③直升飞机成文森。由分腿坐姿势（股四头肌）开始，单臂后支撑并用主动

发力腿扫腿（髂腰肌、大腿内侧肌群）从另一条腿上经过，双腿准备依次绕环。当发力腿划过身体时，上背部躺倒并紧贴地面，两条腿依次划过身体时，后背在地面转体180°，最后以文森俯卧撑姿势（髂腰肌）结束。

（3）顶肩

①仰卧于地面，两肩向上顶起，提高肩关节灵活性和力量。在动作训练过程中，注意肩关节主动向上顶。3个一组，练习3组。

②仰卧于地面，依靠肩、髋关节的转动带动身体转动呈俯撑姿势。在动作训练过程中，注意肩关节主动向上顶，同时扣肩、含胸，双臂撑地完成动作。3个一组，练习3组。

③托马斯成文森。由直臂俯卧撑姿势（肱二头肌、肱三头肌、腹直肌）开始，左腿后撤，依次交替踢腿（髂腰肌、股四头肌），分别经过左臂支撑（腹外斜肌）、分腿前撑（竖脊肌）、右臂支撑（腹外斜肌），整个旋转过程中要求髋关节充分展开，并在完成全旋之前双脚不接触地面，完成托马斯全旋以文森姿势（髂腰肌）结束。

④托马斯转体180°成文森。由直臂俯卧撑姿势（肱二头肌、肱三头肌、腹直肌）开始，左腿后撤，依次交替踢腿（髂腰肌、股四头肌），分别经过左臂支撑（腹外斜肌）、分腿前撑（竖脊肌）、右臂支撑（腹外斜肌），整个旋转过程中要求髋关节充分展开，并在完成全旋之前双脚不接触地面，完成托马斯全旋时以右臂（背阔肌）为轴转体180°，最后以文森姿势（髂腰肌）结束。

⑤托马斯转体360°成文森。由直臂俯卧撑姿势（肱二头肌、肱三头肌、腹直肌）开始，左腿后撤，依次交替踢腿（髂腰肌、股四头肌），分别经过左臂支撑（腹外斜肌）、分腿前撑（竖脊肌）、右臂支撑（腹外斜肌），整个旋转过程中要求髋关节充分展开，并在完成全旋之前双脚不接触地面，完成托马斯全旋时以右臂（背阔肌）为轴转体360°，最后以文森姿势（髂腰肌）结束。

⑥锐角支撑转体180°成俯撑。由并腿坐姿势开始，完成锐角支撑（肱三头肌、腹直肌）动作后，双腿向前上方打腿伸展（股二头肌、臀大肌），身体腾空过程中转体180°，转体时躯干和双腿同时展开，最后以俯卧撑状态结束。

⑦提臀腾起成文森。由直臂俯卧支撑状态（胸大肌、肱二头肌、肱三头肌）开始，屈臂推起后，髋关节在空中屈（腹直肌、髂腰肌、股四头肌），髋关节屈时要求上身与双腿尽力贴紧，当双手和脚同时接触地面时呈文森俯卧撑。

（4）完整动作练习

当竞技健美操运动员完成摆动绕环、顶肩以及顶肩成俯撑后，建议其着手参与完整的直升飞机难度动作的训练，但要保证动作过程中身体夹角不大于水平面45°。

2. 支撑类难度动作教学

（1）分腿支撑

①分腿水平俯卧撑。由直臂支撑（三角肌、肱二头肌、肱三头肌）开始，手指朝向外侧或向后指向脚尖，双腿分开（臀大肌、竖脊肌、腹直肌），保持分腿水平支撑状态2秒，过程中身体呈一条直线，而且背部要求不过水平面以上20°，以分腿水平支撑姿势完成一次俯卧撑，最后以分腿水平姿势结束。

②分腿水平支撑成控文森。由直臂支撑（三角肌、肱二头肌、肱三头肌）开始，手指朝向外侧或向后指向脚尖，双腿分开（臀大肌、竖脊肌、腹直肌），完成后保持支撑状态达到2秒，过程中身体呈一条直线，而且背部要求不过水平面以上20°，完成俯卧撑，同时文森腿向同侧手大臂上移动，最后以控文森状态姿势结束。

③分腿支撑转体360°。分腿坐姿（股四头肌），双手位于体前并用双手支撑（肱三头肌、三角肌），只有手掌接触地面，髋关节屈（髂腰肌、腹直肌、背阔肌）时，上身与腿的夹角要小于90°，双腿与地面平行，转体360°，双手在地面依次交换最多4次，以2秒时间为限，完成整个转体过程，转体过程中下肢不得触碰地面。

④分腿支撑转体720°。分腿坐姿（股四头肌），双手位于体前并用双手支撑（肱三头肌、三角肌），只有手掌接触地面，髋关节屈（髂腰肌、腹直肌、背阔肌）时，上身与腿的夹角要小于90°，双腿与地面平行，转体720°，转体过程中，双手最多依次离开地面8次，以2秒时间为限，完成整个转体过程，转体过程中下肢不得触碰地面。

（2）分腿高直角支撑

双腿并拢坐于地面（股四头肌），双手位于身体两侧并贴于髋关节位置，手臂支撑（肱三头肌），只能手掌接触地面，先屈髋（髂腰肌、腹直肌），上举分腿至双腿垂直于地面，双腿夹角不小于90°，转体720°，转体过程中，双手最多依次离开地面8次，以分腿高直角支撑状态结束动作。

（3）直角支撑

可以用双杠练习，作为直角支撑练习的过渡。具体而言，运动员双手撑在横杆上，身体微微前倾，挺胸，抬腿，尽量保持与地面平行的姿势。在熟练掌握各种技术动作之后，要逐步转移到地面上完成训练。随着运动员的腰腹肌肉、髂腰肌等肌肉逐渐加强，技术动作将逐渐接近竞技健美操的有关要求。

3. 跳跃类难度动作教学

（1）屈体分腿跳

①两脚并拢原地纵跳。

②屈体分腿跳。并腿向上跳起，双腿上举（髂腰肌、股四头肌、腹直肌）至水平位置，两腿开度至少等于90°，躯干姿势保持直立，躯干与双腿夹角小于60°，双腿至少达到水平面，最后双腿夹腿，并腿落地结束。

③空中姿态。仰卧于地面，臀部着地，通过腹肌收缩，上肢和下肢同时向上，可以进行屈体分腿姿态的练习。

（2）转体跳

①剪式变身跳转体180°。单脚向上蹬起（股四头肌），单腿直腿向前，转体180°，腾空阶段交换腿展示纵劈腿姿势（臀大肌、髂腰肌、股四头肌、股二头肌），再转180°，以双脚并拢同时落地结束，面向与起跳方向一致。

②转体180°纵劈腿跳再转180°成站立。垂直起跳转体360°，转体180°时双腿在空中充分展开完成纵劈腿姿势（臀大肌、髂腰肌、股四头肌、股二头肌），再转180°夹腿，并腿落地结束。

③转体180°科萨克跳再转180°成站立。双腿上蹬起跳转体360°，空中转体180°后，空中展示一次科萨克（腹直肌、髂腰肌、股四头肌），膝关节并拢，保持大腿面与水平面夹角不小于0°，一条小腿垂直于地面，大腿并拢并平行于水平面，再180°转体，夹腿同时落地。

④转体180°科萨克跳再转180°成俯撑。双腿上蹬起跳转体360°，空中转体180°后，空中展示一次科萨克（腹直肌、髂腰肌、股四头肌），膝关节并拢，保持大腿面与水平面夹角不小于0°，一条小腿垂直于地面，大腿并拢并平行于水平面，再180°转体，上身找地准备落地，以俯卧撑姿势（胸大肌、肱二头肌、肱三头肌、腹直肌、臀大肌、股四头肌）结束。

⑤转体180°屈体跳再转180°成俯撑。双脚向上蹬起转体180°，空中完成一次屈体，双腿并拢，身体折叠至屈体位置，双腿举起（股四头肌、髂腰肌、腹直肌）至水平面，双脚至少平行于水平面，髋关节屈，且夹角不大于60°，手臂控制前探，再180°转体，上身找地准备落地，最后以俯卧撑姿势（胸大肌、肱二头肌、肱三头肌、腹直肌、臀大肌、股四头肌）结束。

⑥旋子转体360°。身体前俯，单脚起跳（股四头肌），摆动腿直腿向上，异侧腿向上踢腿（臀大肌、股二头肌、腹外斜肌），同时带动身体腾空，腾空阶段双腿分开，身体与地面平行并转体360°，双脚依次落地。

⑦单足转体360°成垂地劈腿。主力腿直腿支撑站立，带臂完成360°转体，再完成一次垂地劈腿（股四头肌、臀大肌、股二头肌、竖脊肌）结束。

⑧单足转体720°成垂地劈腿。主力腿直腿支撑站立，带臂完成720°转体，再完成一次垂地劈腿（股四头肌、臀大肌、股二头肌、竖脊肌）结束。

⑨无支撑依柳辛成垂地劈腿。单腿站立，发力腿后摆，并在垂直面内运动绕圆，身体以异侧腿为支点，立脚踝转体360°，手臂不得触地，垂劈腿回到开始位置后，完成一次垂地劈腿（股四头肌、臀大肌、股二头肌、竖脊肌）结束。

跳跃后以站立姿态结束的动作，落地成俯撑类难度，完成跳跃后，手脚不能依次触地；以纵劈腿状态落地结束的动作，在落地时双手不能在身体一边。

（三）竞技健美操专项技术教学指导

在竞技健美操训练中，专项技术是重要构成部分之一。由于竞技健美操成套动作复杂，技术动作众多，因此，专项技术训练所包含的内容也就比较多，其中，最重要的就是对难度动作的训练。竞技健美操专项技术教学内容主要包括六个方面，即操化动作、难度、技巧、过渡连接、动力性配合及托举动作。

1. 操化动作教学

动作在竞技健美操成套动作中贯穿始终，非常重要。操化动作是以健美操基本步伐为主，配合手臂动作，结合身体各部分的变化，在音乐的伴奏下，创造出有动感、有节奏、连续的高低冲击力相结合的动作。操化技术的设计会直接影响运动员的比赛成绩。操化动作教学内容主要包括上肢动作和基本步伐两方面。

2. 难度教学

难度教学内容主要包括难度动作训练和辅助动作训练两方面。教练员对难度动作训练的重视程度比较高，对辅助动作训练的重视程度较低。教练员对运动员难度动作训练的认知比较深切，因此，以难度动作训练为主，以辅助动作训练为辅，这在一定程度上影响了竞技健美操运动员竞技能力的提升。

3. 技巧教学

技巧是竞技健美操教学内容中非常重要的一部分。竞技健美操技巧教学内容包括技巧动作训练和辅助动作训练两方面，目前教学中更加重视竞技健美操技巧动作训练，辅助动作训练涉及较少。笔者通过对专家及教练员的访谈得知，竞技健美操中技巧动作的加入时间比较短，对教练员来说在技巧动作选择及运用上还不够成熟，需要进一步完善提高。

4. 过渡连接教学

过渡连接教学内容主要包括"地面－地面""地面－站立""站立－地面""站立－空中－站立""站立－空中－地面"的训练。

5. 动力性配合教学

竞技健美操动力性配合教学内容主要包括接触性动作训练、辅助性动作训练。其中，以辅助性动作训练为主，占比为80%，接触性动作训练占比较低。因此在动力性配合教学中，辅助性动作训练成为教练员训练的重点，从而使多人项目的成套动作的艺术价值更高，可以提高艺术得分。

6. 托举动作教学

托举动作能够充分展示运动员的综合素质。新颖且具有创意的托举动作，可以突出整套动作的主题，为成套动作增添色彩，提高艺术性。

竞技健美操托举动作教学内容包括静力性托举训练和动力性托举训练。其中，动力性托举训练所占比例较大，教练员对动力性托举训练的重视度较高，对静力性托举训练的重视程度较低。这是由于在托举动作中，动力性托举动作的完成难度比较高，整个过程比较复杂，所涉及的运动员比较多，有底座、尖子等，托举动作难度提高的同时，运动员所呈现的精彩度也相应地提升，为整套动作的艺术表现加分。

综上所述，教练员对于操化动作的训练主要以基本步伐的训练为主；对难度动作训练的重视程度比较高，对辅助动作训练的重视程度则稍低一些；多数教练员更加重视竞技健美操技巧动作训练，辅助动作训练涉及较少；教练员所安排的过渡连接训练内容比较全面，把握程度较高；动力性配合训练内容以辅助性动作训练为主，接触性动作训练占比较低；教练员对动力性托举训练的重视度较高，对静力性托举训练的重视程度较低。

第二节　高校竞技健美操的创新发展

一、坚定项目文化方向——转变发展理念

现有的高校竞技健美操训练队伍作为培养和壮大我国竞技健美操队伍最重要的一环，要想成为主力军式的队伍，更要在发展和管理上解放思想、转变观念，跳出传统的运营和管理方式，因地制宜地制定符合高校竞技健美操自身发展的运营规划，建立长远的可持续发展观念；注重运用现代互联网技术，加强项目文化，从社会文化土壤、制度保障、大众生活参与三个方面考量竞技健美操项目文化的发展使命；挖掘高校竞技健美操项目特色、组织文化和团队精神，以运动员为主体讲好"文化故事"；以各类赛事为平台，扩大关注人群，加强文化传播。

二、激发内生动力——适应经济发展

高校竞技健美操发展本身会受制于学院管理，所以要激发主体因子的积极性，坚持以人为本的科学发展观，解决好主体自身的可持续发展问题；创造有利的内部发展空间和大环境，加大运动员的整体开发力度；完善绩效评价系统，促使各环节在评价上严格执行，加大执行过程中的监管力度，保证各方面可以落地实施；鼓励多元社会资本的进入，使得高校竞技健美操能够适应社会主义市场经济发展，激发和扩大高校竞技健美操可持续发展的内在动力。

三、完善相关法规机制——提供政策指导

法律法规是各行业的行为规范和标准，高校竞技健美操的发展也是按照相关部门颁布和执行的法律规范来进行的。笔者在对数据进行梳理的过程中发现，现阶段都是以国家大政方针和政策为综合导向，但是较为细化的行为规范较少。在后期发展过程中还要以高校竞技健美操的发展周期为时间节点，制定具有针对性的行为规范，建立合理规范的机制，提高教练员及运动员、管理人员的积极性和创造性；着眼于体育强国战略和高校竞技健美操可持续发展的实际需要，合理制定运动员、教练员、相关管理人员的奖惩机制文件，严格把控教练员的入职门槛及考核机制，通过政策文件的激励和约束，帮助教练员拓宽知识面、优化知识结构等。

四、坚守时代导向——紧抓体育科技工作

应具有系统的眼光，把理论支撑、技术创新、人才支持等结合起来，多措并举，形成强大合力；重视加大高校竞技健美操发展过程中的科技投入和对当前科研成果的应用，不断提高人才引进数量和质量，提高训练过程中的科技含量，提升高校竞技健美操发展过程中的科技水平；充分利用现代高科技，提高主客体的训练积极性，加强医疗保障团队建设中的科技应用，提高训练过程中监测的科学性，不断在选材、训练等各方面实现突破性进展，为体育插上科技的翅膀。

第六章　高校时尚健美操的教学与创新

时尚健美操作为时尚体育的一个重要分支,已在高校体育课程中得到普及应用,其能够在缓解学生学习压力的同时,持续提高学生的身体素质。本章分为高校时尚健美操运动技能训练与教学指导、高校时尚健美操的创新发展两部分,主要包括时尚健美操的概念和特点、时尚健美操运动技能与教学指导、增强高校对时尚健美操的创新意识、营造高校时尚健美操的良好课堂氛围等内容。

第一节　高校时尚健美操运动技能训练与教学指导

一、时尚健美操的概念和特点

(一)时尚健美操的概念

社会的发展不断促进精神文明的进步,时尚健美操逐渐成为人们追求健康的首要选择。时尚体育具有一定的时代性,既给人们带来了健康,还给人们带来了快乐。时尚健美操是一种新型的体育运动,主要是把舞蹈、音乐和体育有效结合在一起,简单易行,形式活泼,节奏明快,动作简单,动感十足。时尚健美操能够激发大学生的学习兴趣,满足大学生的运动健身需求,进而达到全面提高我国大学生身体素质的要求。

(二)时尚健美操的特点

时尚健美操的特点,主要包括以下几个方面。

1. 多样性

高校学生正处于人生发展的重要阶段,其价值观和世界观逐步形成,因此在这一阶段，学生乐于张扬个性，释放青春活力，而时尚健美操的表演形式丰富多样，能够满足学生多元化的学习需求，符合学生的生活习惯和行为方式。

2. 灵活性

时尚健美操的学习，既可以体现在学生的体育课堂当中，也可以体现在课余课下时间，因此对时间的要求较为随意，学生能够自主控制时间，结合自身其他课程的学习情况制订运动计划。另外，时尚健美操不需要过多的辅助器材设施，学生掌握动作要领即可，所以，学生可以在任何空间进行时尚健美操的学习。

3. 审美性

学生在进行时尚健美操学习时，通过展示具有审美性的动作，既可以达到健身的目标，又能够获得审美体验，并且时尚健美操的音乐多为当下流行的音乐，所以更加具有活力和观赏性。

4. 团体性

在时尚健美操运动过程中，学生之间可以交流探讨，或是以学习小组的形式进行学习，因此有助于培养学生的团队协作能力和竞争意识，以便大学生群体在学业期间获得更多社交活动的机会。加之健美操本身具有趣味性，为学生减轻学习压力提供了良好的渠道。

除了以上特点外，随着我国体育事业的持续稳定发展，体育产业逐渐成为朝阳产业，因此，在市场对人才的大量需求下，在高校挖掘培养具有时尚体育、健美操方面潜力的人才，不仅有助于填补市场空白，而且能够提高学生的就业水平，为学生的未来职业规划和人生发展奠定基础。

二、时尚健美操运动技能训练与教学指导

健美操已成为深受人们喜爱的运动项目之一，同时得到了很好的开展和推广，并在不断发展中演变出了一些新兴的、时尚的健美操运动项目，这些项目因其自身的特点受到广大群众的欢迎和喜爱，并且在学校中有着广泛的师生基础。以下主要对时尚健美操中的街舞、爵士舞、啦啦操和普拉提项目进行运动技能与教学指导分析。

（一）街舞的运动技能训练与教学指导

街舞的英文是"Hip-Hop"，Hip 译为髋关节，Hop 译为跳跃，Hip-Hop 即髋关节跳跃的意思，因此，街舞是一种用身体的跳跃、扭动、旋转、摇摆变化，通过上肢与下肢、头部与躯干的协调组合成各种姿势动作，并运用各个动作间的

变换体现音乐节奏的具有强烈爆发力和感染力的舞蹈。因其产生于街头，不拘于社会阶层，不限场地器材，所以称为"街舞"。

街舞充分体现了黑人的生活文化，结合了黑人的语言、音乐、舞蹈、生活方式和艺术表达形式，但经过漫长的发展和传播，街舞逐渐具有了自身的风格特色：一是街舞不分场合、地点，随性而为，适应性强，运动强度适中；二是街舞整体音乐节奏鲜明，音乐风格有识别度；三是街舞的动作夸张，用思想跳舞，将肢体动作作为语言，张扬个性。

街舞作为一种舞蹈，类型多样，比如地板舞、机械舞、嘻哈舞、锁舞等。嘻哈舞又名自由式街舞，它的动作特征是走、跑、跳等自由随性、生活化的动作与头、颈、肩、上肢、躯干等关节的屈伸、转动、绕环、波浪形扭动等动作配合编排，加之复杂的变化和创意的搭配，使人感觉充满活力又帅气新潮。

街舞本身具有很多价值与功能，包括表演价值、文化价值、经济价值等，以及健身功能、娱乐功能、教育功能等，它所包含的一些扭曲、变形、折叠、控制等动作能够达到提高身体柔韧灵敏性、关节灵活性的效果。练习者在练习街舞的过程中，心肺功能会得到大幅改善，肢体协调能力逐渐提高，并且一些不常运动到的小关节和小肌肉群组织也得以充分锻炼。因此，街舞的锻炼意义不仅仅体现在青年人身上，许多上班族、喜爱舞蹈的中年人甚至活力四射的广场舞阿姨都对街舞充满热爱。街舞强调身体律动的舞步与动感好听的音乐随意、自然地融合，使练习者释放压力，通过舞动肢体获得健康与活力。

高校作为文化教育的代名词，是社会主义文化传播的重要场所。校园里的所有物质与精神活动都代表着高校的校园文化风貌，而青年大学生作为祖国未来的希望，是中国特色社会主义建设的主力军及文化的传承者，是国家重点关注和培育的对象。随着经济全球化和多元时代的到来，街舞文化作为青年亚文化的代表之一受到了我国广大青年群体的青睐，成为一种很受欢迎的亚文化形态存在于校园之中，因此，引导大学生正确认识各类青年亚文化，对其进行有效引导和分析辨别能力的培养尤为重要。街舞不仅仅是一项单纯的体育项目，更是一种艺术、一种文化，在高校推广街舞，符合青年大学生张扬个性、展示自我的心理特点，也符合时尚潮流的快乐体育观，不仅能激发学生的运动热情，而且有利于促进学生的全面发展。并且震撼的音乐节奏配上随性自如、自信夸张的街舞动作，能够更好地释放学生日益积累的学习压力及精神压力，使其放松自我、缓解心身疲惫。除此之外，高校街舞社团的成立、街舞比赛的组织、街舞课外实践的开展等，对促进校园文化建设、营造校园文化氛围等能够起到积极的作用。

第六章　高校时尚健美操的教学与创新

1. 街舞律动的热身

为了确保在运动中保持良好的身体状态，任何一项体育运动都离不开充分的热身准备工作。在常规的健美操课程中，热身方式普遍为有氧热身操，将基本步伐串联在一起，配合音乐活动各个部位的肢体关节。这种常见的健美操热身方式是为了给课程教学部分做铺垫，在热身运动中将健美操步伐与相关准备活动结合起来，安全可靠，实用性强。另外，也有少数健美操课采用传统的热身方式，如慢跑、原地拉伸等。但是在一般情况下，这些传统的热身方式会使学生感到枯燥乏味，注意力难以集中。为了解决学生在热身环节注意力分散的问题，有不少健美操教师会设计游戏热身，例如，锻炼身体协调性的肢体游戏、考验多人配合的反应力游戏等。这种方法能有效地活跃课堂气氛，利用学生爱玩游戏的心理抓住他们的注意力，但仅靠设置游戏达到热身的目的并非长久之计，组织游戏耗费时间且不利于教师整体把控教学进度，长期实施没有教学意义。所以，健美操的热身部分需要既能拉伸肌肉、活动关节、提高身体机能状态和唤醒运动器官，又能调动学生的运动兴趣，很好地为后续的教学工作服务。在健美操课堂的热身环节引入街舞律动动作，不仅能让学生体验到街舞的动作音乐风格，还能通过引入街舞元素这一教学亮点达到使学生重视热身环节的目的。

2. 街舞的教学方法

在时尚健美操课堂教学中引入街舞元素时，应选择合理科学的教学方式，运用有效的教学手段。时尚健美操课常规的教学方法既包括教师教的方法，也包括学生学的方法。在时尚健美操课中，尤其是针对普通高校的学生，更要注重教学方面的独特性和针对性，发挥时尚健美操的健身功能，充分调动学生的学习兴趣。所以，教师必须选择适当的教学方法，以学生为主体，采用合理化、科学化的教学手段，因材施教。

（1）讲解法

讲解法是一种很普遍的运用语言的魅力向学生展示技术要点、传授技能知识的教学方法。在引入街舞元素的健美操课的准备部分，教师可运用讲解法将街舞元素的概念以及教学内容、要求、动作注意事项等简明扼要地讲解给学生。讲解法在课堂教学中十分重要，可以将其细分为完整讲解、分解讲解、重点讲解以及正误对比讲解。但是，在运用讲解法时一定要注意讲解的时机和技巧。例如，在学生初次学习街舞元素中的新动作时，教师应对单个较难上手的动作进行着重分析，待学生掌握之后给予其一定时间进行练习，在学生练习过程中不宜做过多讲解。另外，在健美操选修课中运用讲解法时需要使用具有专业性、统一规范的健

美操动作术语，同理，当引用街舞元素时，要正确地使用专业术语和动作名称对引入街舞元素的教学内容进行讲解。

（2）示范法

示范法是指教师通过不同的示范面，将自身完成的单个、组合或成套动作作为教学样本和具体范例。示范面有很多，比如，镜面、背面示范，正面、侧面示范等。一般复杂难学的动作以背面示范为主。示范法具体又分为三种形式：完整示范和分解示范、正误对比示范、重点示范与慢速示范。不管是健美操基本步伐还是街舞中的基本律动，在教学时都需要教师的领做。

（3）完整法与分解法

根据不同运动项目的特点，完整法与分解法可分开使用，但是在大多数情况下，完整法与分解法是结合使用的，穿插于整个教学手段中。例如，街舞动作往往是身体多部位、多关节的参与运作，如街舞中的手臂波浪动作，也叫电流，此项动作要点就比较细化，从手指关节到手腕、胳膊再过渡到肩膀，是一个既需要连接技术又需要掌握单个动作细节的街舞元素，因此，可采用完整法与分解法相结合的方式，先完整教学，再运用分解法对此动作进行分解，着重讲解每个部位与关节的运动细节，对动作难点进行拆分，便于学生自主练习。

（4）纠错法

学生在学习健美操动作和街舞元素的过程中，难免会因为肌肉本体感觉差、对动作不熟悉或动作记忆出现偏差等导致动作错误，因此，教师需要运用学生易接受的纠错法。纠错法是指在课堂教学过程中，教师根据学生在学习和练习中出现的错误，及时采用恰当适宜的手段和方法进行纠正。常见的纠错方法有很多，如语言提示纠错法、教师模拟纠错法、对比求异纠错法、保护辅助纠错法、鼓励评价纠错法等。教师应根据错误产生的具体原因选用具体方法，比如，语言提示纠错法通常是在学生遗忘动作、不太清楚动作概念和规格、混淆动作顺序的情况下，教师通过语言提示学生忘记的动作名称或者运用专业术语进行预先提示；鼓励评价纠错法则是在学生由于缺乏信心造成动作失误以及对难度较大的动作产生焦虑等消极情绪时，教师运用鼓励的话语帮助学生树立信心，克服困难，引导学生投入动作技术本身。

（5）练习法

练习法是健美操教学的惯用方法之一，主要分为重复练习法和念动练习法两种。重复练习法是指不改变原有的动作结构，并按照技术要点反复进行练习。在运用重复练习法时，可以单个动作重复练习，也可以完整组合动作或成套动作重

第六章　高校时尚健美操的教学与创新

复练习。在运用重复练习法时，教师必须合理安排运动负荷和重复次数，并且在学生出现错误动作时立即纠正，防止学生错误动作的重复练习造成错误动作的动力定型。念动练习法是指学生在大脑中系统性地回顾动作要点，利用大脑记忆力去复习巩固动作。其注意事项就是教师要学会引导学生有意识地运用念动练习法，并指导学生将意念练习与身体练习相结合，提高动作正确率的同时，有助于减轻运动负荷，促使学生用心领悟动作要点，扎实掌握动作技术。

3. 街舞动作的教学指导

对街舞来说，基本动作是核心，只有对这些基本动作加以熟练掌握，再进行相应的组合和运用，才能创造出难度不同、风格不同的街舞。街舞的基本动作包括上肢动作、下肢动作、躯干动作和地面动作等几个方面。上肢动作主要有手臂的摆动、举、屈伸、绕环等；下肢动作主要有原地的弹动踏步、点地、转体、移动等；躯干动作主要有头、肩、胸、腰、髋的动作；地面动作主要有蹲、跪、撑。

（1）街舞组合动作一

①第一个8拍。步伐：1、2拍右脚尖点地两次，3拍右脚向前迈一步，4拍左脚跟上成两脚并立，5拍右脚侧点地，重心改变，6拍收回右脚，左脚侧点地，7拍同5拍，8拍右脚收回成两脚并立。手臂：1、2拍右手侧响指两次，3拍双臂微曲上举，4拍双臂放下后抬起，5～7拍双臂微曲至身体两侧，8拍双臂斜上举。手型：1、2拍响指，3～7拍放松，半握拳，8拍出双手食指。面向：1～6拍1点，5、7拍8点，6拍2点，8拍1点。

②第二个8拍。步伐：1拍两脚开立半蹲，右肩侧顶，2拍同1拍反方向，3拍肩带胸顺时针绕环，4拍左脚抬起，5拍左脚脚跟点地，6拍收左脚，出右脚脚跟点地，7拍转身180°，8拍抬双肘。手臂：1～7拍自然垂于身体两侧，8拍抬起至腰间。手型：1～7拍自然放松，8拍握拳。面向：1～3拍1点，4～6拍3点，7、8拍7点。

③第三个8拍。步伐：1、2拍脚不动，转体，3拍右脚向前迈一步，4拍左脚跟上成并步，5拍左脚向后迈一步，6拍转身180°，7拍右脚向后迈一步，8拍转身180°。手臂：1、2拍两次侧抬肘部，3拍左手微伸出，4～8拍自然摆动。手型：半握或自然放松。面向：1～5拍1点，6、7拍5点，8拍1点。

④第四个8拍。步伐：1拍右脚脚跟前点，2拍左脚脚跟前点，3拍右脚向前迈半步，4拍双脚脚跟向前转动后收回，5拍右脚向后迈一步，6拍左脚向后迈一步，

· 119 ·

7拍跳跃换脚，8拍左脚向前成并立。手臂：1～3拍自然放松，4拍向前抬肘并收回，5、6拍自然放松，7拍从后向前抡右臂，8拍自然放松。手型：自然放松。面向：1点。

（2）街舞组合动作二

①第一个8拍。步伐：1～4拍侧并步一次，5拍右脚前踢并落在正前方，6拍脚跟向前转动并收回，7、8拍同5、6拍。手臂：1拍左手放于胸前，右手侧上指，2拍反方向指一次并还原，3拍轻拍左膝然后向右指，4～8拍自然摆动。手型：1～3拍出食指，4～8拍自然放松。面向：1点。

②第二个8拍。步伐：1拍右脚向后迈一步，2拍左脚向后迈一步并收回右脚，3拍开立半蹲，4拍并脚站立，5拍踢左脚，6拍踢右脚，7拍并脚或交叉站立，8拍开立半蹲。手臂：1拍放松，2拍微曲向上并手心向上，3拍两侧抬肘，4拍举右臂，5拍伸右臂，6拍自然下放，7拍右臂上举，8拍右手摸地。手型：1～8拍自然放松。面向：1、2拍1点，3拍3点，4～8拍1点。

③第三个8拍。步伐：1拍双脚交叉，2拍转身，3拍右脚后撤一步，4拍左脚收回，5拍右脚向侧迈一步，6拍左脚同5拍，7拍同5拍，8拍左脚收回。手臂：1～4拍自然放松，5拍向左侧上举，6拍右臂相反方向，7拍两手向左指，8拍向右指再回到7拍。手型：1～4拍自然放松，5～8拍出食指。面向：1拍2点，2拍8点，3拍2点，4～8拍1点。

④第四个8拍。步伐：1、2拍右、左脚依次向后迈一步，3拍同1拍，4拍左脚脚跟点地，5拍左脚向前迈一步，6拍右脚向左脚前交叉，7拍转身，8拍收脚站立。手臂：自然摆动。手型：自然放松。面向：1点。

（3）街舞组合动作三

①第一个8拍。步伐：1拍右脚右侧点地，2拍左脚反方向同1拍，3拍同1拍，4拍右膝跪地，左脚向左伸出，5、6拍重心向左上侧移动，7、8拍右、左脚依次向左迈一步脚跟点地。手臂：4拍左手扶头，右手撑地。手型：自然放松。面向：1～3拍1点，4拍8点，5～8拍7点。

②第二个8拍。步伐：1拍左脚向右一步，2拍右脚向后，同时重心向右平移，3、4拍原地交叉跳三次，5拍双脚并立，6拍开立半蹲，7拍拍手，8拍双脚并立。手臂：1拍自然摆动，2拍挥右臂向左指，3～6拍自然摆动，7拍拍手两次，8拍双臂斜上举。手型：1～7拍自然放松，8拍出食指。面向：1～4拍7点，5～8拍1点。

第六章　高校时尚健美操的教学与创新

③第三个 8 拍。步伐：1、2 拍右脚左踹后落地，3、4 拍左脚右后交叉，还原。5、6 拍左脚向左迈一步，右脚左踢，7、8 拍右脚落地并左脚。手臂：1～4 拍上下摆动，5、6 拍双手经后至前交叉，7、8 拍击掌。手型：半握拳。面向：1 点。

④第四个 8 拍。步伐：1、2 拍左右脚依次迈步，3、4 拍左脚原地踏步，右脚并左脚。5、6 拍右脚前、后迈步，7、8 拍右脚点地，屈小腿。手臂：自然下垂。手型：半握拳。面向：1 点。

4. 街舞节奏感的教学指导

在练习之前，教师应帮助学生清楚地认识时尚健美操音乐与街舞音乐的区别，根据科学的音乐节奏培养方法，引导学生自主识别音乐节奏，不断提高他们的音乐鉴别能力。在教学中，遵循循序渐进原则，由易到难、由简到繁，先学会数节拍，然后过渡到适应音乐节奏，最后锻炼学生运用音乐的能力。在实践中，学生通过熟悉不同风格和类型的音乐，将所学的时尚健美操动作与街舞元素恰到好处地整合归纳。教师带领学生进行音乐与动作配合练习，当学生能够熟练地掌握动作和运用音乐时，再引导学生运用不同的音乐进行编创，推陈出新。

5. 街舞基本功练习指导

基础很重要，是学习技术的关键，所以教师应重视基本功教学，在平时练习中，狠抓基本功，提高学生学习和接受新动作的能力，使其勤学苦练，从而具备良好的身体素质和技能基础。另外，教师在面对接受能力非常薄弱的学生时，一定要有足够的耐心，以鼓励为主，发现学生的优点或进步时及时进行表扬，让其充满信心，从而多加练习，熟能生巧。教师在上课时应注意观察每个学生的学习情况，多多关注学习速度慢的学生，并且给予正确的动作指导和示范。关于街舞与时尚健美操动作风格差异这一问题，教师还需要安排部分理论课程，介绍两者的文化背景和发展历程，并播放相关动作技能视频，为学生进行讲解，使学生充分了解两者的动作异同，理论结合实践，让学生更深层次地体会两者的风格类型，明确两者的发力技巧，从而克服动作风格差异与自身接受能力弱之间的矛盾。

（二）爵士舞的运动技能训练与教学指导

爵士舞是一种充满活力的个人即兴表演，属于一种外放性的舞蹈，极具生机与创造力，其根基为非洲舞蹈。送胯、扭腰、身体呈波浪形扭动是爵士舞的主要特点，因此，爵士舞是一种富有动感而又十分急促的节奏型舞蹈。爵士舞是在北美文化的基础上形成的。马歇尔和斯特恩斯在《美国通俗舞蹈故事》中指出，爵士舞是将欧洲与非洲的传统融入了美国的环境。他们还指出，爵士舞不仅有着欧洲人优雅的举止行为，同时还伴有非洲人传统且节奏感强烈的风格，步伐急促，属于美国现代舞种。爵士舞主要以旋转扭动为主，风格热烈火爆，给人们带来视觉和听觉上的冲击。爵士舞主要分为古典爵士、芭蕾爵士、放克爵士、力量爵士、街头爵士、拉丁爵士、现代爵士等。"剧场爵士舞之父"杰克·科尔，其舞蹈的训练背景是芭蕾舞和现代舞，因此芭蕾舞和现代舞是爵士的基础。

1. 我国爵士舞研究现状

高原雪分析了当代爵士舞基础动作技术类型及其内容，认为当代爵士舞的要求为同时具备良好的心肺耐力、肌力和肌耐力、柔韧性、协调性、灵巧度以及平衡能力，并强调胸胯部、腿部及踝关节的协调配合。

毕超在其毕业论文中分析研究了街头爵士、当代爵士、百老汇爵士这三种爵士舞的艺术风格以及训练方法，认为在当代爵士舞的训练体系中，能够体现出对舞者处理复杂节奏的有效性、即兴性以及载歌载舞的适用性等特性。

高小军、杨超、罗圆圆以国内爵士舞教学实践工作为背景，以四川音乐学院现代流行舞系教学现状为依据，客观分析了爵士舞课堂中存在的问题并从理论入手，在"元素教学"的构建、"运动轨迹"的梳理方面提出了爵士舞基本功训练体系建立与规范的具体内容与研究方向，对爵士舞教学活动的完善起到了一定的积极意义和指导作用。

陈显梁突出探讨了在高校体育课程中开展爵士舞课程的重要性，并且提出了有效改革创新爵士舞课程的新构思。他认为，爵士舞在提高身体柔软度、肌肉灵活性等方面具有不可忽视的优势，因此爵士舞在高校体育课程中不可或缺。

杨小芳在《分析爵士街舞在高校体育课程资源开发中的价值研究》中将爵士舞课程的特点概括为四个，分别是艺术鉴赏性、时代性、自由奔放性以及律动性，并总结了爵士舞的三大开发价值，即充实课程资源的价值、促进体育课程发展的价值和促进精神文明建设的价值，之后又对高校体育课程引入爵士舞进行了可行性分析以及从师资和学校方面提出了爵士舞课程的教学要求。

薛亮认为目前我国大多数高校将爵士课的课时数设定得较少，与高校领导不够重视有一定的关系，这样会间接导致这门课的开设形同虚设，影响了爵士舞在我国的传播速度及范围，同时降低了学生的学习兴趣。

韩震从增强体质、改善形态，树立审美、陶冶情操，培养终身体育思想以及健全完善学生人格四个方面突出了在高校开设爵士舞体育课程的作用与意义，提出了课程改革的具体实施办法,对爵士舞文化进行了大力宣传与普及,促进了爵士舞课程在高校体育课程中的进一步发展。

杨超认为,随着我国改革开放的不断深入,爵士舞逐渐受到广大青少年群体的喜爱与支持,并出现在了舞蹈高等教育的视野之中。爵士舞作为高等教育的一门舞蹈学科,尽管它的发展还不够完善,存在着许多不足,但我们应该将其放在舞蹈高等教育的大背景下,不能仅看到其存在的不足,更应该关注爵士舞在舞蹈高等教育中的重要性。

综上所述,爵士舞在中国发展的起步较晚,现阶段大多数对基础动作的研究依旧以现代舞与芭蕾舞的训练为主要的训练方法,没有很好地与现代潮流趋势结合起来。而且目前爵士舞教师队伍良莠不齐,很多动作概念并没有得到明确规定,相应的理论依据也不够完善。不少文献体现了爵士舞的教学价值以及优势,广受大众喜爱,但我国高等院校的爵士舞课程仍然处于发展阶段,研究成果较少,因此需要提高高校领导对爵士舞课程的重视程度,使其看到爵士舞课程的优势,从而促进爵士舞专业及相关课程在高校中的开展。

2. 爵士舞运动技能训练与教学指导

爵士舞的动作要素及特质有以下几个方面:一是用屈膝下蹲的方式,使身体重心与地面靠近。二是以保持低重心的方式,提高下肢的柔韧性,同时放松上半身的各个关节,每个节拍对应不同的动作,丰富整个舞蹈的表现形式。三是快速移动身体重心,特别要注意身体的水平移动。四是保证身体每个部位都能够得到单独且充分的活动,如头部、肩部、腰部、臀部、躯干的运动。五是突出动作的线条性。六是对每个动作做分割处理,根据节奏切分复杂性动作,可以充分展现动作中的韵律。以一个动作为例,头部或手部的动作占节拍中的重音部分,做动作时,可以对头部和手部的动作做分割处理,与身体动作分开进行,即将一拍分割成几拍,将一拍内可以完成的动作分割成几个部分。七是节奏的多样化,使身体通过两个韵律迅速表达出想要完成的动作。

(1)站立体态控制技术

爵士舞中的站立体态控制技术,是从芭蕾舞中发展而来的,包括基本姿态、四个脚的位置(脚位)和五个手的位置(手位)三方面。随着爵士舞的不断发展与普及,其站立体态控制技术的具体内容得到丰富,形式也逐渐多样化,在体现爵士舞的艺术性和观赏性上发挥着重要作用。

爵士舞中的基本姿态表现为舞者在站立的基础上,下颌微抬,头部端正,颈部向上拉直,肩胛骨保持下沉,呼吸自然;提臀拔背,肋腹内收,大腿内侧尽量并住,骨盆直立;股四头肌上提收紧使膝关节伸展,通过脚向下踩形成脚踝上拔的对抗力,使身体向上。从侧面看,身体各部位要形成垂直线,包括耳朵、肩膀、臀部、膝盖、腿。传统爵士舞对手位的要求较高但形式较单一,主要包括五个基本手位,具体体现为:一位手,双手手臂自然抬起至身体两侧,约30°左右;二位手,在一位手的基础上,双手手臂继续向上抬起至约与地面平行的高度;三位手,在二位手的基础上,保持一只手臂不动,另一只手臂向前延伸,双手手臂夹角约为90°;四位手,在三位手的基础上,将向前延伸的手臂向上延伸至与地面垂直状态,肩部保持放松,另一只手臂保持不动;五位手,在四位手的基础上,将双手手臂向斜上方延伸,与身体中轴线的夹角约为30°~45°。

与爵士舞基本手位一样,爵士舞的基本脚位也是从芭蕾舞脚位发展而来的,但相对弱化了具体要求,降低了动作难度,更具有普适性。爵士舞四个脚位的动作原理为:一位脚,右脚向右侧打开至与肩宽或略比肩宽,脚尖打开呈一定的角度;二位脚,在一位脚的基础上,右脚再向右侧迈出半步,整体宽度约为肩宽的1.5倍;三位脚,在二位脚的基础上,一只脚大拇指内侧点地,向右伸出,另一条腿作为主力腿,支撑身体2/3的重力;四位脚,在三位脚的基础上,右脚向身体正前方迈出一步,同时将重心移至两脚中间。

由于爵士舞属于舞蹈、健美操属于体育运动,因而有各自的技术要求。在爵士舞教学时,教师要结合两者不同的技术要求,使学生在保证安全的前提下提升运动技术水平,更加高效地完成动作,达到锻炼的目的。

在做静力性动作时,在脚跟并拢或者双脚开立同肩宽或略比肩宽的动作状态下,膝关节保持一定的弯曲度;收紧臀大肌,保持一定的紧张度;腹部保持一定的收紧状态,背部直立,脊柱拉直,肩部放松。在做动作的过程中,教师应要求学生的腰腹部肌肉保持一定的紧张度,保持核心部位的稳定性,在此基础上做相应的动作。

(2)局部独立运动技术

爵士舞的局部独立运动技术是指舞者在进行任何独立动作时,主动对除动作部位以外的其他身体部位加以控制,使其保持相对静止状态,从而避免由于肌肉和关节之间的连接性引发另一部位或者相同部位的另一侧参与动作的技术。因而对于爵士舞局部独立运动技术的掌握,首先要明确运动部位并掌握该部位的动作要领,然后了解需要保持相对静止的部位。传统爵士舞的局部独立运动技术主要是在头、肩、腹背、胸腰、胯臀等身体部位进行独立动作时所要遵循的技术，对于这些部位的独立运动技术，舞者要避免相关部位的参与。

爵士舞技术既包括传统爵士舞技术，又包括三个新增的局部独立运动技术：Up-Down 技术、Shaking 技术和 Rolling 技术。这三个独立动作技术是在局部独立动作技术的基础上进行不同部位的重新组合。因而对于这三个局部独立运动技术，舞者需要掌握主要参与运动的部位。另外，Up-Down 技术以胸部为主要运动部位，Shaking 技术以肩部为主要运动部位，而 Rolling 技术则是由胸和胯的对抗转动带动其他部位一起参与运动的技术。

在健美操技术中融入局部独立运动技术，能够在做局部独立动作时体现。与健美操整体运动技术相比，局部独立运动技术的融入可以使学生的运动技术得以丰富和提升。在健美操中融入爵士舞的局部独立运动技术时，要同时满足学生对全身锻炼的需求和局部独立运动技术的要求。

在做肩部单侧上提动作时，保持另一侧肩部静止不动，头部保持端正，颈部、肩部保持收紧。当做完一侧后，进行另一侧肩部的相同动作，使两侧肩部肌肉得到均衡发展，肩关节同时得到活动。在做胸部 Up-Down 技术时，配合手臂动作：当胸部向前运动时，屈肘，掌心向前，手臂拉向身体；当向后运动时，手臂发力前推，使腹背胸腰在得到活动的基础上，手臂肌肉得到锻炼，肩、肘、脊柱等关节也得到活动。

（3）制动技术

爵士舞的制动技术是指通过肌肉的不同用力方式和用力顺序，结合爵士乐的切分音位置，对头、手、胸、胯四个身体部位进行控制的技术。用力方式决定用力顺序，爵士舞的用力方式主要有三种：爆发力、控制发力和定点发力。这三者的区别在于所处位置不同。爆发力在动作的起始位置，控制发力处于做动作的过程中，定点发力则是在动作的结尾部分。由于爵士舞是一项追求动作爆发力与延展性相结合的舞种，为了突出这一特征，对爵士舞者肌肉力量的控制要求较高，包括对肌肉紧张与松弛的协调控制。爵士舞的制动技术使得爵士舞动作更加有质感，增强了动作的层次感和视觉冲击力。

（4）移动技术

爵士舞的移动技术是指在系列基本步法的基础上，脚掌与地面的接触方式：前掌、足尖、内外侧、足跟。在此基础上形成的爵士舞基本步法主要有五类：基本前进步法、维加斯步法、爵士舞行径步法、脚踏步法、重心踏步步法。爵士舞的移动技术是一项自由与规律并存的极具节奏性的舞蹈技术，表现为重心的频繁移动和舞蹈元素的大量重复。另外，爵士舞的移动技术极具综合性，表现为在移动过程中，除下肢动作外，还会涉及头、肩、手、胸、腰、胯的配合动作，因而在完成爵士舞的移动技术时，需要注意移动过程的稳定性、连贯性，肌肉的延伸性，重心的高低变化和节奏的快慢变化。

（三）啦啦操的运动技能训练与教学指导

啦啦操是指在音乐的伴奏下，通过队员徒手或手持道具集体完成复杂、高难度的基本手位与舞蹈动作，项目特有的难度动作，以及过渡配合等动作内容，为比赛加油助威，调节紧张气氛，提高比赛观赏性，旨在集中体现团队意识与集体主义精神，展现运动员青春活力、朝气蓬勃的精神面貌，努力追求团队最高荣誉感的一项具有竞争性、观赏性、表演性等独特魅力的体育运动。

教学过程是师生双向交流的过程，在教学过程中，首先，教师应激发学生的学习动机；其次，教授学生相关理论知识，使其了解啦啦操运动、科学锻炼方法以及运动损伤的知识，建立表象并形成概念；再次，进行身体形态训练，包括柔韧素质练习和力量素质练习，再进行啦啦操基本动作与专项动作的教学，在此基础上让学生学习新套路动作，从而使学生在教学过程中将理论与实践知识有机结合，对知识进行巩固，增强学习记忆，促进学生形成学习迁移；最后，分小组进行队形层次等的编排，培养学生的协作能力和创编能力，并检查教学效果，获得学生学习反馈。

教学内容应遵循学生的身心发展规律，符合科学系统的要求，了解学生的学习需求，从而激发学生的学习兴趣，合理安排理论与实践的学习内容。教学内容要与国家相关教育要求相符，旨在提高学生的身体素质，培养学生积极向上的态度。选择多样化的教学内容，如在理论课中加入科学锻炼方法及运动损伤与预防等实用性知识，并且教师在示范动作时应对具体科学锻炼方法以及如何避免出现运动损伤进行讲解；而在实践课中，啦啦操的基本功练习即基本技术练习，包括柔韧素质、力量素质以及身体形态练习的内容，将艺术体操作为优化手段，从而更好地丰富啦啦操基本功练习的内容。以下将对实践内容的优化应用做详细分析。

1. 啦啦操柔韧素质运动技能训练与教学指导

柔韧素质是指人体关节在不同方向上的运动能力以及肌肉、韧带等软组织的伸展能力。柔韧素质可以通过关节运动的幅度，也就是按照一定的运动轴产生的

第六章　高校时尚健美操的教学与创新

活动范围表现出来。啦啦操与艺术体操作为技能主导类表现难美性项群的项目，其中的跳跃类、平衡转体类以及踢腿类动作都对柔韧素质提出了很高的要求。具备完成一系列高难度动作与组合的技术能力、身心负荷能力，必须以柔韧素质达标为前提。因此，柔韧素质是啦啦操的首要素质，在表现形式上与艺术体操的柔和、伸展，躯体大幅度拉伸、屈曲略有不同，但有共同之处。

将艺术体操柔韧素质训练作为啦啦操教学内容时，按身体部分从上到下分为肩部柔韧训练、胸腰柔韧训练以及下肢柔韧训练。训练方法主要包括：一是冲击性伸展，属于短时间的大力弹振式训练方法；二是静力性伸展，是通过缓慢而被动的伸展而达成的；三是负重性训练，通过加大柔韧训练负荷进行训练；四是优势性伸展，结合借助他人力量的搬腰搬腿，但此方法要建立在教师与学生之间相互了解的情况下进行。

（1）啦啦操肩部柔韧运动技能与教学指导

①压肩。将双臂放在把杆上，伸直手臂，双腿打开，向下压肩。教师可辅助学生，给予下振压的振幅逐渐加大，力量逐渐加强，肩压到极限时，保持静止不动。注意手臂要伸直，教师要根据学生的具体情况施加压力，并提醒学生肩部、胸部放松，不要用力反抗压力。

②转肩。借助艺术体操绳，将绳子对折调节到合适的长度，两手握绳，两手间的距离可自行调节到合适的位置，从体前到上举，最后到体后结束，肩部做向后的圆周动作。

（2）啦啦操胸腰柔韧运动技能与教学指导

①推胸腰。由额头及双手贴地的姿态准备，双腿与肩同宽，双手放于身体两侧，将身体推起，伸展胸腰。注意推起后双肩保持下沉。

②压侧腰。地面横叉打开双腿，将其中一边的腿弯曲收回，上身向直腿的一侧拉伸。注意静态拉伸时上身的姿态，不要含胸。

③腰部绕环。由双腿与肩同宽的站立姿态准备，双手前平举与肩同宽，做前、左、后、右四个方向的腰部绕环。注意运动过程中双膝不要弯曲。

（3）啦啦操下肢柔韧运动技能与教学指导

①纵叉。先进行前弓步拉伸开胯，再进行纵叉练习，注意保持正胯，脚尖和膝盖绷直。

②横叉。先进行分腿体前屈拉伸，再进行横叉趴胯练习，同样注意脚尖和膝盖绷直，上身尽量贴地。

③扶把杆踢腿。单手扶把杆进行前、侧、后三个方向的踢腿。注意脚背和膝盖绷直，脚尖带动发力，上身尽量保持稳定。

2. 啦啦操力量素质运动技能与教学指导

力量素质是指人体神经、肌肉系统在工作时克服或对抗阻力的能力。根据完成不同体育活动所需力量素质的不同特点，可分为最大力量、快速力量（爆发力）和力量耐力。啦啦操与艺术体操作为技能主导类表现难美性项群的项目，其中的跳跃类、转体类等难度动作均对快速力量（爆发力）和力量耐力有所要求。啦啦操与艺术体操均有跳步类与转体类难度动作，完成跳步类难度动作时腾空的高度和动作的开度，以及完成转体类难度动作的度数、稳定性、姿态，均对踝关节的力量及稳定性有很高的要求。而艺术体操中针对踝关节的基础练习有足尖步、柔软步以及过绳小跳等练习动作。另外，难度动作的完成质量、腾空高度和稳定性还取决于下肢力量的强弱，这是跳跃类动作夺取高分的有力保障。但在力量素质练习方面，啦啦操缺乏艺术体操利用器械进行力量训练的多样性、针对性、趣味性的内容。

将艺术体操力量素质训练作为啦啦操教学内容时，加入艺术体操特有的锻炼下肢及踝关节力量的训练，主要为快速力量（爆发力）训练和力量耐力训练，以行进间练习、扶把杆练习以及原地练习三种形式进行。

（1）行进间练习的具体内容

①足尖步。以双脚前脚掌着地，左右脚交替向前走。注意在行走过程中，脚后跟不能落地，双臂背于躯干后，上身保持直立挺拔姿态，腿部与臀部肌肉收紧，保持重心稳定。

②柔软步。由绷脚伸出，前脚掌落地并迅速过渡到全脚掌，同时身体重心及时移至前脚（重心在前），两臂自然摆动。该动作要求行进间练习时自然连贯，并注意绷脚。

③过绳小跳。运用艺术体操绳，两手握绳两端，向前或向后摇绳时，采用小跳越过绳子。注意手摇绳的速度要平均，小跳时要绷脚。

（2）扶把杆练习的具体内容

①提踵立。双手打开与肩同宽，轻扶把杆，双腿并拢，全脚掌与前脚掌重复提落转换，注意保持膝盖伸直，上身保持直立挺拔。

②小踢腿。单手轻扶把杆，小八字脚位站立准备，由全脚掌经前脚掌到绷脚的同时踢腿，并控制在45°，分为向前小踢腿、向侧小踢腿、向后小踢腿三个动

作。注意全脚掌到绷脚踢出的迅速转换以及脚背的方向，保持上身直立。

③扶把各种小跳。双手或单手扶把，练习一位小跳、二位小跳以及五位变位跳。进行小跳训练时要注意脚背的推力，双腿和身体要保持直立，落地时前脚掌着地，双膝要有缓冲。

（3）原地练习的具体内容

①俯卧撑。学生两人一组进行俯卧撑辅助练习，即辅助人员双手扶住练习人员的腰腹，在练习人员进行练习时，给予帮助，使得练习完成。

②仰卧举腿。学生两人一组进行仰卧举腿练习，即练习人员平躺，辅助人员开腿站立在练习人员腰部两侧，当练习人员举腿至 90° 时施加压力，轻推练习人员的脚，使得练习完成。

3. 啦啦操身体形态运动技能训练与教学指导

身体形态是指人体外部与内部的形状特征。啦啦操与艺术体操作为技能主导类表现难美性项群的项目，对身体形态的要求相似，两者均是以芭蕾舞形体训练以及舞蹈组合作为主要练习内容。而对艺术体操运动员而言，身体弯曲、扭转、收缩、摆动、波浪等动作要自然流畅，呈现出连续性和流畅性，从而更好地表现出协调能力、肌肉控制能力、柔韧性、力量、速度和耐力等。因此，除了芭蕾舞的基础训练外，艺术体操还有其特有的徒手动作组合练习，包括手臂波浪和身体波浪等组合动作，涉及从四肢到躯干、从头到胸再到腰，都符合当代女大学生对身体形态美的向往。

在将艺术体操的身体形态练习作为优化啦啦操教学内容的手段时，应在保留原啦啦操身体形态练习内容的基础上加入艺术体操徒手组合动作，使内容更加丰富全面。

总之，为了更好地优化高校啦啦操教学内容，应充分利用线上教学手段，如微信公众号、手机 App 等。在运用线上教学手段时，要明确目的，讲求实际，切忌华而不实。教师可在微信公众号中发布相关的教学内容，作为学生课下的辅助学习内容。教师可以将相关教学内容分为两大模块，第一模块是课堂上教师所教授的内容，如手臂及身体波浪组合动作和成套动作的视频，便于学生在课下复习每次课所学的内容；第二模块是能够提高学生学习兴趣的内容，如国内外啦啦操赏析的视频、关于身体素质的科学锻炼和形体练习的短视频等。

教师应多加强师生间的互动，积极调动学生的学习积极性和主动性，充分发挥学生的主观能动性，从而营造轻松的课堂学习氛围。

（四）普拉提的运动技能训练与教学指导

普拉提是德国人约瑟夫·普拉提通过亲身体会创立并推广的运动。在接触各类运动项目和学习各种健身方法的过程中，普拉提不断进行动作的创新，当他学习了从东方传来的瑜伽和太极之后，专注于将这两种强调呼吸调整与崇尚冥想的古老健身术以及强调肌肉与骨骼锻炼的西方健身技术进行融合、拆分、改造、再融合，最终创造出了"普拉提"。

普拉提刚开始被运用于伤病者的康复治疗以及芭蕾舞者的常规素质训练中，后来在对普拉提的研究和创新实践中，学者们纷纷从运动解剖学、生物力学、生理学等角度不断对普拉提进行探索、研究和总结，使普拉提的发展变得更加科学化，普拉提的锻炼效果也逐渐得到肯定，结构上和内容上也更加系统化，因此，普拉提在全球范围内得到了更广泛的推广和发展。

普拉提通常分为垫上普拉提和器械普拉提两种，其中，垫上普拉提可以分为徒手的垫上普拉提动作以及小附件垫上普拉提动作，而器械普拉提使用的器械包括普拉提床、稳踏椅等。

我国对普拉提的理论研究已有近 20 年的历史。宋翠翠、王静在研究中证实普拉提的功能主要包括维持更好的体态身姿、改善身体平衡性和协调性、提高身体呼吸机能、强健脊柱和保护腰椎。宋翠翠在文章中指出，普拉提是在运动的功能和原理的基础上根据科学依据编排出来的，是在符合人的身体最正常的生理姿势的基础上进行的，需要调整身体姿势，并配合正确的呼吸方法，有意识地控制身体完成普拉提动作，从而提高练习者对身体的控制能力以及身体平衡能力的一项有氧运动。李迪在文章中对普通高校普拉提课程教学的可行性和必要性做了具体分析，并认为应该大力推广普拉提，建立培训机制，加强普拉提师资力量，提高学生对普拉提的认识。

普拉提之所以会在国际上大受欢迎，是因为它独具特色的健身健心风格融入轻音乐和动感音乐，不仅体现出自然的健身气氛，而且健身效果十分明显，能够有效提高人们的核心力量、柔韧性、耐力等身体素质。普拉提不仅汲取了东方的瑜伽和太极的精髓，而且融入了西方传统养生术，用节奏把呼吸、冥想、平衡以及柔韧有机结合在一起，能够提高核心力量、肌肉耐力，对改善不良体态和塑造体形有很大的帮助，而且还能缓解压力。

第六章　高校时尚健美操的教学与创新

普拉提动作安排的原理通常是动静结合配合放松的呼吸和内容节奏的转换，运动速度平缓，不伤肌肉和关节，呼吸结合动作使练习者更容易控制身体，达到身心愉悦的运动目的，因此它适合任何年龄段的运动爱好者练习；普拉提主要针对人体的核心肌肉进行练习，所以对腰、腹、臀等部位的塑造效果尤为突出；普拉提训练也可以借助哑铃等运动器械进行练习；普拉提将人类日常活动的动作、动物伸展拉伸时而柔缓时而有力的动作以及最重要的呼吸方法巧妙地融合在一起，将轻柔与粗犷的动作配合相应的呼吸方法一同展现，是一种非常独特且新型的健身形式；普拉提的运动消耗量随着运动强度的变化而变化，很适合需要释放压力，提高身体柔韧性、核心稳定性、肌肉力量素质的运动爱好者。

综上所述，普拉提不仅能提高人的身体素质水平，而且能用于身体康复训练。普拉提训练体系得到国际健身行业的认同，对普拉提运动的推广、普及对高校来说也意义非凡。在传统的健美操课堂训练中引入普拉提训练，能够解决课程教学模式和训练方法单一化的问题，激发学生学习和训练的积极性，在单位时间内以更有效的手段达到已定培养目标。普拉提尤其对大学生的身体素质影响深远，可以弥补传统训练的不足，使健美操课的训练效果更理想。普拉提的训练可以有效提高身体的新陈代谢能力，提高耐力、柔韧性、力量等身体素质，并且可以作为康复训练来帮助延缓衰老，因此，普拉提辅助健美操课的训练是一种适合大学生体能全方位发展的新型训练模式，在健美操课的训练中是可以继续推广和发展的。

在国内外，普拉提训练法的基本原理编排都是在普拉提创立和发展的普拉提训练的基础上进行的。在中国，普拉提的发展也借鉴了他国的推广经验。普拉提练习的基本动作包括呼吸、身体控制、站姿热身等。

呼吸——首先用鼻子吸气，用嘴呼气，在不憋气的前提下呼吸的速度与动作的速度基本一致，动时注意呼气，静时注意吸气，以缓解身体各部位因肌肉收缩、延伸、舒展带来的压力。将注意力集中在呼吸上，以便减少对肌肉酸痛的敏感度。

身体控制——动作速度缓慢以便延长肌肉控制的时间，激发深层肌肉力量，有助于消耗能量，达到塑性、减脂、健身健心的目的。腹部核心区域和身体躯干的固定是普拉提训练的核心，保持好身体的姿态，并感受由内到外的肌肉刺激。

站姿热身——靠墙站立，脊柱立于中轴位置。从颈椎至尾骨充分伸展，后脑勺及腰、背、臀贴于墙面。扩展胸腔，沉肩，收腹，脚跟与墙相距1步。静止吸气。呼气，下颌抵近锁骨，后脑勺离开墙面，臀部紧贴墙面不动，自然呼吸，而后吸气，还原动作。

单腿伸展——仰卧上体抬起，肩膀离地，左腿伸直，右腿弯曲。胸与右腿接触，右手抱住脚踝，左手抱膝，呼吸1次交换腿。

双腿伸展——仰卧上体抬起，双膝收到胸前，团紧身体，双手抱膝。吸气。伸展全身，呼气，收回到初始状态。

侧卧抬腿——侧卧，头、肩、髋在一条直线上，双腿稍向前收，左腿于右腿后。吸气。屈膝，脚尖蹬地，脚后跟抬起，右腿勾脚外悬，向上抬起与髋同高。同时呼气。还原，吸气。

侧卧击腿——侧卧左臂肘撑，身体呈一条直线。然后呼气，左腿上举击打左腿。吸气，左腿还原。

仰卧挺髋——仰卧双手放于体侧，双腿屈膝90°，双腿分开同肩宽，然后呼气，髋向上挺起至最高点。停顿2秒，再吸气动作还原。

单腿上伸——双臂肘撑、跪立，左腿膝关节朝下屈膝，脚尖向上。呼气，左腿沿脚尖方向上伸。吸气，动作还原。

屈膝外展——跪撑手臂和身体，大腿和身体、大腿和小腿均保持在90°的位置。呼气时左膝外展至水平，吸气还原。

卷腹起身——仰卧双手胸前交叉，双腿屈膝90°，双腿分开同肩宽，呼气，上体卷起。吸气，身体还原。

在配合呼吸、身体控制等基本动作的基础上加上练习者需要把握的几个体会点如下。

专注——专注于自身内心，放平心态，抛开外界压力，关注自己的呼吸和肌肉，聆听身体的感受，从呼吸进行体会。

控制——对练习的动作进行长时间的保持和体会，动作要到位，体会用深层肌肉力量和核心进行支撑的感受。

流畅——用匀速动作进行练习，保持动作流畅，感受身体延伸和核心肌群力量。

重心——把握好身体重心，用自身重力对身体进行阻力练习，体会自重力量，刺激体内深层肌肉。

呼吸——练习时用鼻子吸气，用嘴巴吐气，要把腹腔内所有气都吐出来，体会用胸腔带动全身进行呼吸的感受。

持久力——练习动作时可以下意识收缩和放松肌肉，对肌肉进行反复刺激，保持肌肉紧张感。

准确——练习动作时把握好动作要领，将动作做标准，感受全身合力进行动作的满足感。

放松——躺平冥想，可以想象美好的事物或者什么都不要想，静静地感受自己的身体。

第二节　高校时尚健美操的创新发展

一、增强高校对时尚健美操的创新意识

高校要在时尚健美操教学中结合时代发展特征，培育学生的个性。因此，高校要密切结合广大师生的健身运动需求，切实在时尚健美操教学中结合街舞、爵士舞、啦啦操和普拉提等运动，将其融入时尚健美操教学内容，不但能够使学生强身健体，而且能够促进他们的身心发展。

教师可以根据时尚健美操教学的需要随意转变教学方式，满足学生的多元化需求。大学生对时尚健美操的内容、形式有很高的要求，不仅要包含时尚元素，而且要彰显自己的个性。教师要对时尚健美操的含义有正确的认识，教学内容一定要满足学生的个性需求，实现教学内容的多元化，这样才能真正激发学生的学习兴趣，促进学生的全面发展。时尚健美操最主要的是具备动作创新意识，教师可以在健美操动作的基础上加入一些时尚元素，体现时尚健美操的魅力。

二、营造高校时尚健美操的良好课堂氛围

目前，时尚健美操的部分课程已经被纳入高校的体育课程，并且课程内容也得到了一定的补充完善，为时尚健美操的普及推广奠定了良好的基础。高校应当把握时代机遇，加速推进高校时尚健美操教学工作的创新，通过营造良好的课堂氛围，提高学生的学习兴趣，以实现时尚健美操对改善学生体质的健身作用。首

先，教师应秉承"以人为本"的工作理念，注重课堂当中学生的主体地位，确保学生在学习和模仿的过程中具有独立思考的时间和空间，所以教师应当转变自身工作思路，积极宣传时尚健美操的功能，帮助学生在充分了解时尚健美操的基础之上，达到科学健身的最终目标。其次，教师应当提高教学方案的针对性和有效性，在日常工作的开展当中，注重对学生的观察和了解，掌握学生的行为习惯和生活规律，因人而异地制订教学方案。最后，教师应当注重以时尚健美操为突破口，以提高学生的综合素质为目标，培养学生终身健身的习惯。

三、优化高校时尚健美操的教学内容

大学生群体强调个性解放，一切新鲜的事物对他们来说都有着巨大的吸引力，所以时尚健美操的教学内容一定要新颖，与时下流行的事物紧密相关，这样才能激发学生的学习兴趣。例如，街舞、瑜伽、有氧操等都可以加入时尚健美操的课程中，这样不仅能够满足学生各方面的需求，而且能使时尚健美操教学更加完善。高校教育强调学生的全面健康发展，在传授学生知识的同时还要提高学生的综合素质，为社会培养更多的人才，所以时尚健美操教学一定要具有时尚、新颖以及与时俱进等特点。

时尚健美操属于集美感、娱乐、健身、音乐、舞蹈和体操于一体的综合性运动，运动形式比较简单和随意，运动的氛围与环境十分轻松与活跃，运动的强度可以因人而异，音乐也十分张扬个性、活泼奔放。现在的大学生追求具有新气息、新内容和高品位的时尚健美操形式，因此，时尚健美操的教学内容与方式必须是活泼与多元化的，遵循每一个学生的心理特征。

四、创新高校时尚健美操的教学方式

当今时代，网络技术表现出高速、大容量、综合化、数字化、个人化的发展趋势。时尚健美操作为贴近高校学生生活、丰富大学生文化的重要手段之一，在信息网络化的浪潮中，同样被赋予了一种新的现代化模式。

高校教师应当注重网络技术的应用以及实践活动的拓展，创新时尚健美操的教学方式，提高时尚健美操教学水平。高校教师可以积极利用网络技术，向学生普及时尚健美操的知识，包括时尚健美操的起源、发展和内涵以及不同国家或地区之间时尚健美操活动形式的差异，帮助学生深入了解时尚健美操，以更好地开展教学工作。而在日常课本知识的教学过程中，教师可以利用电子设备对时尚健

美操教学内容进行展示，所以教师还应当具备制作课件的能力，通过在网络中搜集视频、音频、图片以及表情包等素材，制作多媒体课件，或是在课堂上组织学生集中观看，或是以微课形式进行展现，以便学生更好地理解时尚健美操的动作形式。时尚健美操实践活动的开展，应当具有多样性，教师应深度剖析时尚健美操的内涵，进而提高学生的学习效果，鼓励学生在课外时间积极参加时尚健美操的活动或比赛，并为学生提供帮助和指导。在此过程中，教师应发挥引导者和观察者的作用，与学生建立良好的师生关系，并根据学生的表现不断创新时尚健美操的教学方式。

第七章　高校现代健美操教学的创新与优化策略

在新时代背景下，高校健美操教学应当坚持以创新、健康和美学为理念指导，注重学生综合素质的培养。本章分为现代健美操教学的新思想与新理念、高校现代健美操教学中的音乐运用、高校现代健美操教学中的信息技术应用、高校现代健美操课程教学效果的提升策略四部分，主要包括现代健美操教学的新思想、现代健美操教学的新理念、将音乐运用到健美操教学中的价值、高校现代健美操教学应用信息技术的制约因素等内容。

第一节　现代健美操教学的新思想与新理念

一、现代健美操教学的新思想

（一）以人为本思想

1. 以人为本的内涵

以人为本是指充分尊重人的个性需求以及满足人的基本诉求和根本目标，其最终目标是促进人的发展。以人为本的教育管理，就是要通过关心学生的全面发展，尊重学生的需求，发挥学生的积极主动性，使学生将个人目标与教育目标有机结合，从而达到教育的根本目的。

高校健美操教育与管理工作应做到与时俱进，不能停留在传统的教育理念和教育方式上。高校应坚持从学生成长与成才的角度出发，以育人为核心，完善教育理念与教育方法，了解并尊重学生的成长发展趋势，因势利导；坚持从实际出发，使高校健美操教学更贴近学生、贴近生活、贴近实际；注重学生的个性发展和人格塑造，最大限度地发挥学生的主观能动性。

第七章 高校现代健美操教学的创新与优化策略

2. 以人为本的本质

在教育管理过程中遵循以人为本原则，是指一切行动以学生为出发点和落脚点，将学生的诉求和利益作为工作重心，这是一个准则、一个需求，也是一个目标。

马克思认为，人是一种具有主观意识的自然存在物。以人为本的高校健美操教学，就是通过关注学生的内在本性、利益诉求，通过灵活多样的学生管理方式，提高学生对健美操运动的接受程度以及参与健美操教学的意愿度。在此基础上，充分提高学生的创新性、自主性等，实现学生成长和成才的目标。

3. 以人为本思想的贯彻

（1）培养学生的主体意识

在教学过程中，教师只是传播知识的载体和途径，最重要的还是学生的吸收，所以对教学而言，学生是决定教学成功与否的关键。学生在学习时要端正学习态度，将高昂的热情投入学习当中。教学应该是以学生为主体，以教师为主导，使学生获取知识的过程。教师应当采取适当的教学手法、合适的教学模式，培养学生的合作精神和创造能力，同时还要营造良好的学习氛围，只有这样学生才能提高学习效率。另外，不管是学生与学生之间，还是学生与教师之间，都应当建立友好互助的关系，这样才能使学生在学习过程中身心愉悦，帮助学生学习。在这一过程中，交流与探讨是非常有必要的，教师应引导学生遇到困难时勇于提出问题、解决问题，促进学生共同进步。

（2）设置合适的课程内容

教师可以结合自己的教学经验，对教学方法进行一定的改革，按照学习的顺序，从最简单的分解动作到后来的连贯动作，在此基础上结合自己的教学方法进行整改。另外，教师需要对学生进行健美操的理论知识点的教授，使学生在学习时可以将理论与实践完美结合，从而收到最理想的教学效果。有些学生在初步了解健美操后并不会对其产生强烈的兴趣，教师可以结合学生耳熟能详的舞蹈，通过舞蹈的方式引入健美操，这样学生的积极性就能得到一定程度的提高。课后教师还可以组织学生开展与健美操有关的健康讲座，让学生能认识到学习健美操的好处，这样既丰富了学生的课外知识，又让学生对健美操有了更深刻的了解。

（3）建立多元化的教学评价体系

对于学生的学习成果，学校和教师都要有一定的评价标准，这是教学中必不可少的环节。在评价学生的学习成果时，学校与教师应当结合学生学习前的水平进行评价，不能单单以学习后的表现为依据，这是片面的。在评价学生的健美操学习成果时，除了看学生的学习表现外，还应当结合学生的内在素质，因为健美操除了能培养学生的外在美外，还能培养其内在美。所以对学生学习成果的评价不应该是单一的，需要从多方面进行评价。

（二）终身体育思想

1. 终身体育的内涵

终身体育思想起源于终身教育理论和社会发展对体育的需求。在现代社会发展视域下，终身体育思想不仅得到了社会各界的认可，而且受到全世界体育学领域研究学者和专家的高度重视，逐渐发展成一种对国际体育教学具有积极影响的全新体育思想。在国内体育教学活动开展进程中，终身体育教育囊括体育知识、品质、兴趣与保健等相关内容。在健美操教学活动中融入终身体育思想，有助于加强学生对终身体育的了解和认识，使其在潜移默化中形成正确的体育观念与运动习惯，推动其身心健康发展。

此外，新课标明确提出，健美操教学必须落实终身体育思想，明确终身体育的价值和重要性，在教学大纲设定、教学内容安排、教学课程开展等维度合理融入终身体育思想，以学生为课堂教学主体，使其在终身体育学习氛围中学习知识，从而培育其终身体育思想及认识。

2. 终身体育的特征

（1）终身性

终身体育，顾名思义，即个体应当保持体育锻炼的兴趣和习惯，将体育锻炼作为人生的一部分，这样才能真正让体育融入生活，在体育锻炼过程中实现个人新发展。

（2）自主性

从空间角度而言，终身体育主要由学校体育、家庭体育与社会体育组成。终身体育可全面发挥自主性特征：体育运动锻炼不局限在外部环境，没有年龄划分，更没有地点与场合的限制，在个体人生发展的任何阶段均可开展。因此，体育锻炼者可结合自身兴趣爱好选取感兴趣的运动项目，合理安排运动时间。

（3）社会性

从深层次角度而言，终身体育旨在将个体的体育生活和社会发展有机地联系在一起。在终身体育这一教学思想未被提出时，体育运动主要以竞技体育为主导，难度系数较大，普通人只能以欣赏的眼光观赏体育比赛，极少参与其中。以

第七章　高校现代健美操教学的创新与优化策略

往学校体育往往采用被迫式体育模式，多数学生对体育课程学习缺乏兴趣，甚至存在厌烦心理。究其根本，主要是学校未能真正认识到体育的价值和意义，导致体育课程教学具有一定的功利色彩，学生只能被迫学习体育，丧失了学习热情和兴趣。但随着终身体育思想的提出，各大院校逐渐认识到体育锻炼的意义和目的，以强身健体、缓解学生的学习压力、改善学生的生活质量为目标，将体育同生活及工作有机结合，逐渐发展成一种健康生活方式。

（4）多元化

终身体育思想号召个体锻炼不受体育形式和标准的限制，可以根据个人兴趣及自身身体特点，选择更为匹配的体育锻炼内容。这样一来，不同个体可以在同一时间根据自己的兴趣爱好进行体育锻炼，满足了个体练习的团体性要求和自主特色锻炼要求。另外，个体可以根据自身兴趣选择与自身年龄段所匹配的体育运动来强身健体，这样可以在激发个体运动兴趣的同时，提高个体身体素质，更有利于实现终身体育目标。

（5）目的明确

终身体育的发展目标非常明确，就是通过引导群众通过定期的锻炼来提高身体素质，并且根据个人的发展目标，有计划地调整体育锻炼项目，继而提升个人的体育水平，改善个人的生活品质。

（6）全民参与

终身体育并不是一个人的运动或者少数人的运动，而是通过广泛宣传，号召全体公民参与。

终身体育思想和健美操运动之间存在着极为密切的联系，是推动健美操教学不断发展的重要理论支撑。

3. 终身体育思想的贯彻

（1）开发教学形式

在以往的健美操教学中，教师往往选择在学校的训练场地进行教学，而且教学形式大多是单一的自由练习或者教师进行指导，学生一起练习，长此以往，学生会产生倦怠感。因此，教师可以通过开发多样的教学形式来消除学生的倦怠感。例如，由于健美操的锻炼不受场地的限制，教师可以带领学生走出校门，亲近大自然，在大自然的怀抱中进行体育锻炼。一来学生在大自然中更能够舒缓身心，放松自我，有利于提高健美操的锻炼效果；二来大自然的环境较好，有利于给学生留下美好的锻炼印象，从而激发学生进行体育锻炼的兴趣。教师可以通过组织一些体育比赛或体育小活动来激发学生的体育锻炼欲望,如教师可以让学生进行锻炼项目的自主选择,让学生根据自己的喜好选择适合自己的锻炼项目,然后引导和鼓励学生进行比赛,由教师和其他学生作为裁判进行评审,并在比赛结束之后实行奖惩制度,激发学生的体育锻炼意识和竞争意识。教师还可以开展终身体育意识的相关讲座,在教学中不仅对学生进行终身体育意识的培养,也适当地对学生进行相关理论知识的教育,使其了解到终身体育锻炼不仅能够强身健体,还能够培养良好的心理素质,提高自身免疫力,终身受益,让学生从多个方面考量健美操终身体育锻炼的好处,从而更加确定自己的体育锻炼目标。

(2)培养学生的学习兴趣

健美操的学习要遵循循序渐进的原则,健美操教师应在切实了解学生的实际情况以及学习水平的基础上进行健美操课程的安排。教师在进行动作安排的时候,最初应选择简单易学的动作和组合练习,使学生打好基本功,之后在此基础上进行成套的组合练习以及动作练习。在学生掌握了一些健美操的基础知识和规律之后,再进行器械上的锻炼和练习。这样的安排能够使学生了解健美操给自身带来的好处,从而激发其学习兴趣,提高学习积极性。在学习过程中,理论知识与实践练习同样重要,教师不仅要进行健美操动作的教学,更应该对其本身的理论知识进行讲解,从而达到实践与理论相结合的目的,以帮助学生更好地理解健美操的内涵。

大学生由于受到心理、生活、学习等多种因素的影响,使得他们对体育锻炼重要性的认识不够深入,对进行健美操锻炼更是抱有一种可有可无的想法。因此,教师在注重学生实践锻炼的基础上,也应该加强对健美操锻炼重要性的宣传,提高学生的自我锻炼意识和体育锻炼认知,让学生从主观上想要进行体育锻炼。

(3)提高学生的自我锻炼能力

对学生进行自我锻炼能力的培养是学校体育教学中的一项重要内容,也是培养学生终身体育意识的重要环节之一。在进行健美操教学的过程中,教师应该注意对学生进行自我锻炼意识的全面培养,将其贯穿整个健美操教学过程。教师在进行健美操教学时,除进行技术教学外,更应该着重对学生的认知能力进行培养,让学生体会到体育锻炼的重要意义以及掌握相关的体育内容,从而激发学生学习健美操课程的动力,发挥其主观能动性,进一步提高学生的锻炼兴趣。与此同时，在进行健美操课程教学时，教师要加强对学生自我锻炼能力的培养，要求学生对运动的强度、次数以及时间等有很好的自控能力，使学生能够将锻炼发展成为自主活动，并使学生的身心得到良好发展，为学生进行终身体育锻炼奠定坚实的基础。

二、现代健美操教学的新理念

（一）快乐体育理念

1. 快乐体育理念融入现代健美操教学的理论基础

（1）目标管理理论

目标管理理论的提出者是美国著名管理学家彼得·德鲁克，他提出目标管理应该将目标作为先导，坚持以学生为中心的原则。目标管理理论认为，应在教学的准备部分设立一个目标，在教学的基本部分设立两个目标，在教学的结束部分设立一个目标；在教学过程的结构设计上应注重学生的情感变化；在教学中为了能让学生感受到学习、合作、创造、挑战、提升等多种快乐因子，应选用特别的目标管理教学过程，同时将这几个快乐因子相互融合，让学生通过自己的努力来达到更深层次的目标，从而收获成功与自信。

（2）巴班斯基关于教学方法的分类

按照巴班斯基关于教学方法的分类，可以将融入快乐体育理念的教学方法分为三大类：第一类，启发学习和培养学习动力的教学方法；第二类，自我学习和合作学习活动的教学方法；第三类，指导以及自我检查教学效果的教学方法。

2. 快乐体育理念融入现代健美操教学的实施

（1）以快乐体育理念为中心

快乐健美操教学是以快乐体育理念为中心而逐步形成的一种教学方式。快乐体育理念连接整个教学过程，让学生在锻炼身体和掌握健美操动作技术的同时收获运动带来的快乐，逐步养成终身体育的习惯。

（2）以激发学习兴趣的教学过程为前提

学生的学习兴趣来源较多，激发学生学习兴趣的教学途径也有很多。在教学过程中设置多个激发学生学习兴趣的环节，将这些有趣环节相互连接，能够使学生体会到学习、合作、竞争带来的乐趣，从而更好地激发学生学习健美操的兴趣。

（3）以多样的教学方法为手段

健美操学习是一个多样的过程，不但要求学生学习健美操的理论知识，而且要求学生学习健美操的基本动作技术。健美操基本动作技术的评价指标包含难度、艺术性、完成度三方面，所以健美操教学应该涉及团队协作能力、创编能力、自身表现力等方面。因此在健美操教学中，教师应采用多样的教学方法，如游戏法、小群体学习法、竞赛法、挑战学习法等。

3. 快乐体育理念融入现代健美操教学的设计

（1）教学过程设计

教学过程要根据学生的运动情感变化规律来设计。为了使学生能够体验到学习、团结、挑战、创新等带来的多种乐趣，教学过程设计要采用特别的目标管理学习过程，以便更好地激发学生学习健美操的兴趣，如表7-1所示。

表7-1 健美操教学过程目标设计表

准备部分	基本部分	结束部分
感受运动带来的乐趣	挑战自我，创造提高	自评、互评、师评
	小组学习，成果展示	

在准备部分设立一个目标，目的是让学生感受到运动带来的乐趣，要求教学内容提高趣味性，同时达到热身的效果。

在基本部分设立两个目标：目标一，使学生能够挑战自我，不断突破自己，逐渐提高动作的难度，使学生在教师的引导下，积极开发思维，不断创新，从而更好地提高自身动作技术。这一目标要求教师巡回指导，及时纠错。目标二，分小组进行学习，共同进步。这一目标要求学生分组进行动作创编，对不协调的动作进行改编，而后进行小组竞赛，使学生把所学到的动作技术进行展示和强化，要求所有学生参与其中，从而提高学生的团队合作意识和集体荣誉感。

在结束部分设立一个目标，使学生通过自评、互评、师评及时了解自己的优点和不足，要求评价公正客观，以便学生后续动作的改进。教师应坚持以学生为中心的原则，设计健美操教学过程结构表，让学生在运动的过程中不断激发运动兴趣，了解并初步掌握健美操基本动作技术，感受健美操教学带来的乐趣，使学生逐渐喜欢上健美操教学，提升其运动积极性。在此条件下，学生通过挑战自

第七章　高校现代健美操教学的创新与优化策略

我、创造提高、小组学习、成果展示、自评、互评、师评来加深对健美操的学习兴趣，通过自己的努力来提升健美操运动水准。

（2）教学方法选择

将快乐体育理念作为指导思想，发掘健美操教学中的快乐元素。有学者提出了九种有利于快乐健美操教学的方法，并将这九种方法分为三大类：第一类，启发学习和培养学习动力的教学方法，包括以体育游戏、音乐、舞蹈为主的快乐健美操教学方法；第二类，自我学习和合作学习活动的教学方法，包括以合作探究、能力培养、创新突破为主的快乐健美操教学方法；第三类，指导以及自我检查教学效果的教学方法，包括以自我引导、自主研究、自我检查为主的快乐健美操教学方法。

①以体育游戏为主的快乐健美操教学方法。在一堂课的开始阶段，将具有娱乐性且规则性较强的体育游戏作为本堂课的热身活动，比如灵敏小游戏、弹跳小游戏、柔韧小游戏、接力赛小游戏等。将健美操的某项技术训练与体育游戏衔接在一起，在热身的同时练习健美操的某项技术动作，能够激发学生的学习欲望，使其迅速进入学习状态，在快乐体育游戏中不知不觉地增强体质，更好地提高健美操运动成绩。

②以音乐为主的快乐健美操教学方法。欢快的音乐能调动学生的积极情绪，也可以营造良好的教学氛围，使学生在整个运动过程中轻松愉快。健美操音乐节奏鲜明，可以根据重拍和轻拍来判断动作力度和节奏快慢。在不断变换的音乐节奏中，学生与健美操融为一体，无意识地促进了协调能力的提升。健美操音乐不仅可以陶冶学生的情操，而且可以提高学生健美操动作的表现力。选择潮流欢快、优美动听、激情昂扬、节奏鲜明的音乐贯穿整堂健美操课程，能够让学生在快乐的氛围里充分展现自我。

③以舞蹈为主的快乐健美操教学方法。健美操和舞蹈在艺术上具有很多共同点，无论是造型还是动作都有很大的共性。将舞蹈艺术中感染力强的动作技术运用到健美操教学中，能够丰富健美操教学，提高学生的艺术素养以及动作表现力。将现代舞蹈流行元素引用到健美操教学中，如拉丁舞、街舞等，能够提高学生对健美操的艺术欣赏水平和审美水平。教师在教学中穿着体现健美操美学特征的舞蹈服装进行教学，能够使教师的情感自然地流露，让学生不自觉地想与教师交流，同时还能吸引学生的目光，激发其学习的兴趣，有利于培养大方、自信的人才。

④以合作探究为主的快乐健美操教学方法。小组合作探究是体育教学最常用的教学方法之一，小组合作探究能够发挥群体功能意识，激发学生的学习兴趣并进一步转化为学习动力。小组合作探究能够激发小组成员的互动意识，实现优等生带后进生，相互帮助、共同进步。更为重要的是，小组合作探究可以有效提高学生的实际交往能力和心理素质，为其成为社会适用型人才打下良好基础。

⑤以能力培养为主的快乐健美操教学方法。在日常健美操教学中，教师要在传授基础知识（健美操基本理论、基本步法、基本练习方法、基本创编能力）的同时，注重对学生能力的培养。突出以学生为主体、教师为主导的教学理念，在学生掌握基础知识后，教师留出一定空间让学生自由发挥，在课后进行成果展示，使其将身体练习和脑力练习融为一体，激发学生的自觉性和积极性。

⑥以创新突破为主的快乐健美操教学方法。教师在教授学生健美操的过程中，应积极向学生提问，使学生主动思考，将所学知识运用到实践中。教师应着重培养学生的创新意识以及编排能力，让学生明白自己不仅在学习健美操动作技术，而且在培养自我能力，有助于学生更深刻地了解健美操运动。在健美操动作编排上，教师应积极引导学生，发挥其创造潜力和想象潜力。这种以创新突破为主的健美操教学方法有利于让学生体会到自己劳动成果带来的喜悦感，从而带动其学习健美操的主动性。

⑦以自我引导为主的快乐健美操教学方法。在健美操教学中，每次课选举不同的小组长和小老师，能够有效发挥学生的模范作用，积极引导学生进行健美操教学，有利于培养学生的责任意识。学生角色的转变提高了课堂的活跃度，有利于发挥学生的主观能动性，教会学生在今后的学习、生活中如何锻炼，为终身体育奠定基础。

⑧以自我研究为主的快乐健美操教学方法。课后布置作业，让学生课后借助手机、电脑等观看优秀健美操运动员的动作技术，学习别人的优秀之处。让学生将自己的动作技术拍摄下来，分析自己的动作技术的优缺点，制订缺点整改计划，及时纠正自己的错误动作和强化正确动作技术。学生通过观看录像可以直观地了解到自己的不足之处，有效培养学生的自我研究意识，从而在下次课上规范地做出标准动作技术，增强学生的自信心，提升教师的教学效率和学生的学习效率。

第七章 高校现代健美操教学的创新与优化策略

⑨以自主检查为主的快乐健美操教学方法。学生课后进行自我检查，发现所学的健美操动作技术与自己所展示的动作技术之间的差异，找到不足之处并进行整改，能够有效培养学生的自我检查能力。

（3）教学评价制定

在快乐体育理念下，健美操教学主张以体验运动带来的乐趣为基本手段，重视情感准则、激励准则、多元化准则，对学生获得的成绩及流露出的情感和所持态度进行评价。快乐体育理念下的健美操教学评价与原来的只注重学生期末成绩的终结性评价相比有所区别，更加重视学生的学习过程，而不是期末成绩。其主要变化包括以下几点。

①学生的健美操动作技术的进步过程评价：对每一位学生进行的相对评价，设立"进步幅度"评价标准，根据每位学生对健美操动作技术的掌握程度以及提高程度进行评价。

②学生的创编能力评价：包括健美操组合动作的创编能力、音乐节奏踩点的能力、跳动中空间利用的能力等。

③学生的学习兴趣评价：学生对健美操的学习兴趣由喜悦感、学习激情、团结协作能力三方面组成。在常规健美操教学中，关于学习兴趣及学习主动性的评价指标仅仅是学生的出勤率。快乐体育理念下的健美操教学评价在此基础上新增了学生平时学习兴趣的变化和学习激情的定性评价指标来客观评价学生的真实学习情况。在健美操教学中，应对小组的合作意识进行评价，根据学生能否互帮互助、是否乐于参与组间活动来进行评价。这主要采用教师评价、学生自评、学生互评等评价方式。

在快乐体育理念融入健美操教学的过程中可采取以下改进措施：健美操教学评价由终结式评价换成了过程式评价，将过程式评价贯穿于整个教学活动。评价的内容主要包含动作技术、创编能力、学习兴趣等方面，评价手段则采用教师评价、学生自评、学生互评，目的是监督和鼓励学生学习，提高教学效果。评价标准以及方法由单一向多元转变，主要强调以下几方面：采用相对性标准与绝对性标准相结合的方式来进行，综合每位学生的身体基础以及提高程度进行评价，但是对于创编能力的评价则采用定量评价和定性评价相结合的方式进行。构建包括教师评价、自我评价、小组评价等在内的整体评价系统，对学生学习成绩的评价不仅有教师评价，而且要注重学生自评和互评，这样才能让学生更加全面、公正地了解自己，收获成功的快乐，认识自身的不足。同时教师也能从评价中了解到教学需要改进的地方，促使教师的"教"和学生的"学"得到真正的反馈。

（二）少教多学理念

1. 少教多学的定义

①教师的"少教"，是指教师不再以教一、二、三的知识或四、五、六的技术为任务。任何教材都只能是载体。教师重视的是教学过程，通过各种教材、教学方法，培养学生学习、观察、思考、记忆、创意思维、分析与综合的能力。教师必须自学各种新知识，而且确保不是略知一二。

②学生的"多学"，并不是指学生读更多的书、背更多的教材。学生必须懂得怎样学、学什么，要有所为而学、有目标而学。这种学习能力，也需要教师进行培养。少教不等于不教，多学也不是指给学生自学的时间越长越好。少教多学并不是让教师投入得更少，而是要求教师教得更好，它强调教学重点从教学内容的数量转到教学的质量上来。少教多学理念追求深度学习，重点放在提高师生互动的质量上，让学生更加投入学习，追求理想的教育效果。

2. 少教多学理念在现代健美操教学中的应用

所谓的少教多学，简单地理解就是减少教师的"教"，增加学生的"学"。它强调把学生看成独立学习的主体，教师的"教"应该更好地为学生的"学"服务，要将教师的"教"转化成学生的"学"。在健美操教学中，教师要抓住时机给学生以指导，解答学生心中的疑惑。虽然鼓励学生自己动手解决实际问题，但是如果学生长时间无法解决一个问题，教师应该及时加以指导，减少时间的浪费，以免学生丧失信心。教师"教"得少了，但是学生"学"得多了。学生是一个个鲜活的个体，终究会走上社会。因此，教师应引导学生学会学习，学会与他人进行合作，培养学生发现问题、分析问题、解决问题的能力，开发学生的创造性思维，发展学生的智商和情商，这对于学生今后融入社会能够起到莫大的帮助作用。

引导学生学会合作学习同样重要。在健美操教学中，教师应让学生注意倾听和交流，使学生能够尊重他人的意见，不随意打断别人的发言。学生交流互动能够解决教学中的难点，完成个人无法独立完成的任务。因为个人的见解很有可能是片面的，经过交流互动才能达到互补和完整。在健美操教学中，学生由独立学习到合作互助学习，积极地帮助学习有困难的同学，或者群策群力，共同解决难题，合作学习的能力也得到了提高。

针对较难的问题，学生能够想办法解决，无论是自己独立解决还是集体商议讨论解决，都体现了学生对未知问题的探究精神。在健美操教学中，教师还要鼓励学生勇于提问，敢于质疑，不迷信教师和教材，敢于表达自己的独到见解，使学生在解决问题的过程中，逐步学会分析问题、解决问题的方法。

第二节　高校现代健美操教学中的音乐运用

一、将音乐运用到健美操教学中的价值

（一）对健美操有引导作用

健美操是在音乐伴奏下进行的运动，音乐在健美操教学中起着引导作用。音乐的不同风格，节奏的快慢、强弱，音调的高低起伏，都引导着健美操动作的发展变化，也带动了学生兴趣、情绪、运动状态的变化。只有音乐与动作协调配合，才能使健美操运动的美展现得淋漓尽致。如果健美操运动失去音乐的配合，就会像夜空里没有闪耀的星星，单调乏味且枯燥。

此外，当流行曲目发生变化时，创编者也会根据适合健美操风格的曲目创编出新的动作，这些动作富有时代的气息，通常会被快速推广并风靡一时。当健美操音乐响起时，学生会感到兴奋、愉快，不由自主地融入音乐的节奏感中，使动作更具有协调性，更富有美感。音乐对健美操的引导使学生在锻炼的同时陶冶了情操。

（二）激发学生学习的兴趣

俗话说"兴趣是最好的老师"，兴趣是激发学生学习的内在动力。健美操的音乐通常以打击乐为主，有时也会选择流行音乐，如爵士乐、迪斯科乐、摇滚乐等，这些音乐节奏鲜明、动感十足，与大学生阳光开朗、积极向上、朝气蓬勃的精神面貌相吻合，受到学生特别是对音乐较为敏感的学生的喜爱。

在音乐的伴奏下，学生学习的热情被激发，会产生一种跃跃欲试的情绪，继而使他们迅速进入健美操律动的状态，尽情地表现自我，释放青春的力量。

(三)提高学生多感官的协调性

健美操是在音乐的伴奏下,通过上下肢、躯干及头颈部的部分运动或者全身运动将动作协调地展现出来,在此过程中需要耳朵对音乐的接收,眼睛对场地位置、自身及同伴间位置变化的接收,肢体对动作的完成等单独器官运作,然后各器官再把接收到的信息传输给大脑,大脑经过快速的综合分析,将动作在音乐的指令下协调展现。因此,学生在健美操练习的过程中,不仅锻炼了听力、视力、肢体协调能力,同时也使大脑在接收信息、处理信息时变得更加灵活敏捷,促进了多个感觉器官的协调运作。

二、健美操音乐特征、类型以及主要功能

(一)健美操音乐的主要特征

作为背景音乐,健美操音乐的选配极为复杂多变,选取的音乐要具有极其鲜明的特色,才能满足健美操的特殊需求。首先,要有极强的节奏感。健美操音乐大多运用爵士、摇滚等节奏感强烈的现代流行音乐,依靠音乐音调的高低起伏调整舞蹈动作的力度大小,使得曲调与节奏相互关联、相互对应,增强健美操的韵律感。其次,要有富有变化的韵律感。音乐风格是在社会变迁中逐渐形成的,受到民族文化、区域环境等的影响,不同的音乐风格使得健美操的韵律感极其丰富,带给观众更多美的享受。最后,要有沉淀的时代感。健美操音乐能够充分体现时代发展需求的特征,带有一股浓郁的时代气息。

(二)健美操音乐的基本类型

健美操对背景音乐的选择比较严苛,音乐的基本类型主要涵盖以下四种形式:一是爵士乐,节奏变化形式丰富多彩,音乐特色十分鲜明,音调也比较饱满;二是由爵士乐演变而来的迪斯科音乐,节奏较快,重复音节较多;三是摇滚乐,节奏变化明显,快慢相互交织,给人一种摇摆的感觉,形式比较多样;四是轻音乐,节奏比较轻松愉快,内容欢乐活泼,通俗易懂,既有舞曲和电影音乐,又有流行歌曲、民俗传统音乐等多种形式。

（三）健美操音乐的主要功能

音乐作为健美操的重要组成部分，发挥着极其关键的作用。只有在健美操的背景音乐伴奏中，健美操才能帮助观众调整情绪，带给观众一定的心情愉悦感，缓解其身心疲劳。健美操使用的背景音乐，变化节奏较快，灵活多动，形式风格各样，使得健美操的整套动作更加富有音乐内涵，从而给观众带来不同的美感。同时，在合适的背景音乐的带动下，更有利于学生掌握健美操的相关动作要领，在学习的过程中取得事半功倍的效果。我们应该清醒地认识到健美操音乐不仅是一种单纯的背景音乐，而且能够让人心情愉悦，达到健身健心的目的。

第三节　高校现代健美操教学中的信息技术应用

一、高校现代健美操教学应用信息技术的制约因素

（一）客观方面

1. 经济方面

在高校现代健美操教学中实施信息技术教学，需要有固定的室内环境及配套设施。据调查，部分高校的健美操教学还没有专门的室内场地，在操场或教学楼大厅内上健美操课的学校占有一定的比例。要想在高校现代健美操教学中引入信息技术，加大对健美操教学的资金投入是前提条件。

2. 资源配置方面

我国大部分高校理论课教学使用多媒体技术已成为常态，但以身体素质训练及技术传递为基础的体育课，信息技术走进课堂才刚刚起步。要想在高校现代健美操教学中引入信息技术，就要有固定的室内健美操教室，最基础的设备要有计算机、大尺寸液晶屏、录像机及高保真音响，还要有校园无线网络的覆盖。如果没有这些相应的资源配置，就无法真正将信息技术引入健美操教学。

（二）主观方面

1. 教师方面

把信息技术用于高校健美操教学，最关键的因素还是教学实施者——高校健美操教师。这就要求高校健美操教师在思想上重视信息技术，有运用信息技术教学的主观愿望，还要有一定的制作多媒体课件的能力。但是，在实际高校健美操教学中，大部分教师（特别是年龄较大的教师）受传统教学观念的影响根深蒂固，对传统教学手段得心应手，但对信息技术教学的优势认识不足，这些因素会使这些教师不愿尝试多媒体教学。另外，计算机知识掌握得不好、课件制作能力不够、缺乏实际操作信息技术的能力等，也是阻碍部分高校健美操教师运用信息技术的主要因素。

2. 学生方面

健美操信息技术教学的目的是提高教学效果，体现在学生能开阔视野、提高学习兴趣、掌握技术技能、提高艺术修养、提高综合素质等方面。如果学生在上课过程中不能摆正自己的位置，只是被教师制作的课件吸引，兴奋点没有集中在知识的记忆和理解上，信息技术就起不到它应有的作用。

二、高校现代健美操教学中信息技术的应用策略

（一）微课在高校现代健美操教学中的应用策略

1. 微课在高校现代健美操教学中应用的可行性

（1）符合高校学生内在需求

如今，国内高校师生的互动形式发生了巨大变化。随着高校学生个性化学习需求愈发强烈，"对症下药"与"量身定制"教学法呼之欲出。据调查，高校学生对移动媒体与互联网的兴趣较浓厚，更加认可能够利用碎片化时间进行学习的载体。因此，以往的网络课堂教学已无法满足高校学生的内在需求，节奏更快、内容更丰富、形式更多样的微课成为提高课程教学成效的有效手段。

（2）满足高校教学转型需求

随着现代社会的发展，高校现代健美操教学逐渐受到学生的喜爱与追捧，主要有以下两个原因：第一，在全民健身背景下，学生的运动认知更加全面；第二，在国内外健美操赛事的影响下，大学生更加愿意利用此体育项目展示自我。

第七章　高校现代健美操教学的创新与优化策略

目前，很多院校设置了健美操课程，能够完成基础性教学任务，但该课程教学未能有效利用网络，而微课能有效填补高校现代健美操教学的空缺，从而推动健美操教学活动的顺利开展。

2. 微课在高校现代健美操教学中应用的基本原则

（1）适度原则

微课是互联网和计算机技术蓬勃发展的产物，作为现代化教育方式，需适度地被应用于高校健美操教学。教师应根据学生的接受程度和课堂参与度，不断优化微课内容和介入形式，最大限度地激发学生的学习兴趣。在高校现代健美操教学中应用微课，要起到提高知识内容的可理解性和阅读性的作用，防止形式大于内容问题的出现。教师要利用新颖和有趣的微课，带动学生更加积极、自主地学习健美操动作，并深入了解相关体育文化。在高校现代健美操教学中应用微课，不能干扰学生学习核心课程，必须始终秉承适度原则，将其科学合理地应用于高校现代健美操教学中。

（2）技术服务于人的发展原则

以技术要素推动高校健美操教学的创新和改革，高校必须秉承技术服务于人的发展原则，将微课科学地融入不同形式的体育课堂。教师要利用先进技术创设开放、愉悦的学习环境，使学生形成良好的终身体育意识，并真正持续参与健美操学习和训练活动，确保学生的身心健康发展。

而微课在高校现代健美操教学中的应用，必须服务于学生的个性化学习需求。教师应利用微课营造学生喜欢的学习氛围，促使他们对健美操课程产生浓厚的兴趣。只有这样，才能真正发挥现代教育技术的优势，为学生构筑创新、自由、开放的学习环境，使他们健康、快乐、全面成长。随着技术的蓬勃发展和动态升级，教师要保障微课的应用更具育人优势，使学生在潜移默化中养成良好的体育锻炼习惯。教师必须始终坚持技术服务于人的发展原则，多手段、多方法地将微课应用于高校现代健美操教学。

（3）尊重学生的个体差异性原则

学生在思想、心理、身体素质等方面存在一定的差异，在实际开展健美操教学的过程中，教师要尊重学生的个体差异性，并利用微课设计层次化的教学方案，充分满足不同层次学生的学习需求。

针对身体素质不高的学生，教师可以利用微课呈现相对简单的健美操动作学习课程，以激发其体育锻炼兴趣，循序渐进地提高学生的身体素质。针对身体素质良好的学生，教师可以利用微课深化教学内容，为他们提供符合认知架构的健美操学习课程。教师要科学地、差异化地对待学生个体，真正发挥微课的作用和教学优势。在高校现代健美操教学中应用微课，教师要始终秉承尊重学生的个体差异性原则，以学生需求为导向，利用微课设计多样化的教学形式。

（4）凸显学生主体地位原则

教师需处理好健美操教学中主体与客体的关系，凸显学生的主体地位，通过不断优化教学环境，可以促使学生积极主动地学习健美操动作。教师需根据学生的学习情况和身心成长状况，不断地创新和优化健美操教学模式，利用微课全面赋能健美操教学，最大限度地调动学生的学习积极性。同时，教师应根据学生的诉求和意愿，为他们提供更多发挥才能和展现创意想法的机会。

此外，教师还需以学生为主导设计健美操教学方案，并指导他们科学地运用微课呈现生动、有趣的教学活动。学生可深度参与教学设计，继而提高健美操教学活动的趣味性和交互性。教师要改变以往"灌输式"的教学模式，充分发挥学生的主体作用。教师还要根据学生的身体素质和心理状态，利用微课设计具有针对性的健美操教学方案，从而实现增强学生体质的目的，帮助学生形成积极的人生态度，确保他们的身心健康成长。

3. 微课在高校现代健美操教学中应用的策略

（1）构建微课教学平台

随着网络技术的飞速发展，QQ与微信成为主要的网络交流平台，为人们的日常生活与信息交流提供了诸多便利。尤其是这些交流平台具有群聊功能，更为群体性沟通交流提供了全面保障。因此，为保证微课在高校现代健美操教学中被全面推广应用，教师可以以班级为单位创建微信群或QQ群，邀请所有学生加入。在实际应用微课的过程中，教师要以学生为中心，以满足学生的自主性学习需求为宗旨，根据学校健美操教学要求，设计微视频，并将微视频发送至微信群或QQ群，真正实现微课在高校现代健美操教学中的全面推广应用。

（2）降低课堂教学难度

在健美操教学中，多数健美操教学内容存在动作复杂、连贯性强等问题。若在课堂讲解中，教师将所有动作盲目地教授给学生，学生极易在学习新知识后忘记旧知识，影响健美操课程的教学进度，并且学生在学习中遇到的困难并不相同，教师无法为每个学生演示他们学习起来相对困难的动作。对此，教师可借助微课将烦琐复杂的重点和难点知识划分成多个知识点，把难度大、复杂性高的训练动作制作成短视频,让学生结合自身学习需求重复观看并练习。

例如,在讲解"科学打造形体美"时,教师主要教授学生科学正确的训练方法,囊括理论知识和训练动作。因此,教师可以利用微课向学生提前普及相关理论知识,随后让学生进行针对性练习,待学生训练结束后,教师可以指导学生针对自身不熟练的知识和动作再次观看视频,加强对知识的记忆。此外,教师亦不可盲目依赖网络课程资料,要结合学生的现实需求为他们制作短视频,因材施教,进而提升学生的健美操水平。

(3)激发学生学习兴趣

第一,在开展高校健美操教学前,教师要引导学生观看相关微课,加强学生对课堂学习内容的了解和认识,激发学生的学习热情与兴趣,为日后教学工作的顺利开展打下坚实的基础,从而提升教学质量和教学成效。第二,针对难度较大、较复杂的健美操动作,教师要全面剖析课堂教学内容,借助微课分解复杂烦琐的动作,并利用多媒体教学设备将详细动作呈现给学生。第三,在学生观看微课的过程中,教师要向学生阐述健美操动作的重点和难点,集中学生的注意力,随后根据课堂教学内容,并结合学生的具体情况判断其是否需要重复观看微课。

在教授难度较大的健美操动作时,教师要合理借助多媒体慢放功能,使学生能清晰、全面地观看分解动作,激发学生的兴趣,加强学生对健美操动作的掌握,进而提升高校健美操教学的实效性。此外,在各大院校传统的健美操教学活动中,多数教师会采用亲身示范教学法向学生讲解健美操动作。这种方法虽然能实现对所有健美操动作的全面讲解,但由于学生的基础水平和理解能力存在差异,即使在同一时间学习相同的动作,也可能得到不同的结果,从而影响课堂教学质量。

(4)丰富学生学习资源

在国内高校教学活动中,健美操教育成效与学生课外实践练习联系密切。在教学活动开展的过程中,教师应采用课前预习与课后练习有机结合的教学方式,这样有利于确保教学的质量和成效,让学生领悟健美操运动的核心要领,进而激发其学习健美操的热情与积极性。而丰富多样的学习资源则是提高学生学习成效的重要保障。

因此,教师要将微课视频上传至学习平台,让学生利用空闲时间观看教学视频,巩固教学内容,加强练习。在高校现代健美操教学中运用微课,不但能为学生提供丰富多样的学习资源，而且在现代网络技术的大力支持下，师生能实现实时沟通，学生能够通过网络学习平台向教师寻求帮助，解决学习难题，而教师也能通过网络学习平台了解学生的学习需求和具体情况，并有针对性地提出解决策略，以确保教学效果。

此外，教师还要保证微课的系统性与完整性。在高校现代健美操教学中，教师要想充分发挥微课的效用和价值，必须处理好微课与课堂教学的关系，确保学生能够在最短的时间内掌握学习要点。并且在课堂教学中，教师不仅要呈现微课的系统性和完整性，而且要突出教学重点，使微课在课前与课后均能提高学生学习活动的有效性。因此在教学中，教师既要加强对微视频的了解与重视，又要做好微练习点评工作，充分发挥微课的作用，切实提升高校健美操教学水平，推动学生更好地学习健美操及相关知识。

（二）慕课在高校现代健美操教学中的应用策略

1. 课前

课前，任课教师要提前将健美操学习内容做成视频，与教学重点和难点、基本要求一起上传到慕课平台，让学生通过手机或电脑提前进行预习。教师要根据学生特点组建学习小组，以便小组成员相互学习、共同进步。学生和教师可以通过平台进行互动，交流学习心得体会，教师线上进行答疑，提高学生的预习效果。

2. 课中

由于健美操课程动作性强，所以在课堂教学中，教师应先播放视频，根据视频内容进行讲解，对于难理解、高难度的动作，可以通过慢放、回放等方式反复强调、分解示范。也可以让不同的学生先亲自示范，教师和同学共同进行监督并点评，指出优缺点，这样便于学生掌握动作要领，提高实践操作能力。

3. 课后

课后，学生需通过慕课平台反复练习课程教学内容，尽快掌握健美操动作要领，同时通过慕课教学平台向教师反馈自己的学习感受和评价建议。一方面，教师通过慕课平台检查学生的作业情况，并进行相关考核评价，以检验教学效果；另一方面，教师与同行教师进行交流，结合师生评价建议，对慕课教学内容、教学过程和教学评价等进行优化。

第七章 高校现代健美操教学的创新与优化策略

第四节 高校现代健美操课程教学效果的提升策略

一、教学层面

（一）创新教学理念

高校现代健美操教学的创新发展首先需要考虑的是教学理念的创新，需要改变传统的教学理念。在高校现代健美操教学中，如果教师仍然采用传统的教学理念，仍然以教材为核心开展教学活动，一味地按照教材或教案开展教学，只注重学生健美操动作的规范性、统一性及协调性，对全班学生采用相同的教学方法，而学生也只需要掌握相同的教学内容，那么整个教学过程就会缺乏足够的创新性，势必会大大影响教学活动的针对性及实效性。

因此，高校健美操教师有必要加大对教学理念的创新，将人才观、质量观、学生观及价值观等充分融入现代健美操教学，加大对教学模式的创新力度，转变过去学生被动接受知识的学习模式，培养学生主动学习与探索的精神，注重对学生创新意识的培养。作为健美操教师，要想实现现代健美操教学的创新发展，就必须掌握开发与创造的能力，尽可能地挖掘每一个学生的个体价值。健美操的技术动作相对复杂多样，学生在学习技术动作的过程中，有着更大的自由发挥空间，能够充分体现出学生的学习能力、素质基础、创新能力等，因此，健美操教师应摒弃以往以教材为核心的教学理念，根据不同学生的具体情况因材施教。

（二）创新教学目标

教学目标对高校健美操理论教学及实践教学活动的有序开展起着非常重要的指导作用，是影响教学效果的重要因素，因而也需要进行相应的创新。

在新时代背景下，高校健美操教学总目标应该以培养学生良好的身心素质、文化素质、道德素质为主，然后根据不同学生的具体情况对教学总目标进行细化，以制定出更具有针对性的教学目标。高校健美操教学目标应该包括：培养学生对健美操的学习兴趣；使学生充分掌握健美操的基本知识与技能；使学生能够科学

掌握健美操的锻炼方法；培养大学生的健美操创编能力；促进学生创新意识的培养。另外，在开展健美操教学的过程中，教师应该先对健美操教学内容进行分类，然后根据不同学生的实际情况将学生进行分层，以实施分层分类教学，从而确保每一个学生都能够得到理想的学习效果，进而培养学生良好的健美操锻炼习惯。

例如，健美操教师可以根据健美操的不同风格将其分为表演型健美操、锻炼型健美操等，而学生可以根据自身的兴趣爱好及学习需求自由选择适合自己的健美操教学内容。与此同时，健美操教师还应该对学生在健美操学习过程中的具体表现进行充分了解，如学生对健美操知识的掌握程度、对健美操技术动作的应用情况等，并以此为依据对学生进行分层，以保证每一个学生都能够跟上教学进度，从而避免学生对健美操的学习丧失信心与兴趣，进一步增强学生在健美操学习过程中的实践体验感。

（三）落实课程思政

1. 提高教师的思政教育意识和能力

教师是学生成长成才的引路人，"师者，传道授业解惑也"，因此教师的综合能力至关重要。在健美操教学中落实课程思政，首先，要提高教师的思政教育意识，发挥教师的表率作用；其次，提高教师的思政元素挖掘运用能力，建立课程思政体系；最后，提高教师的综合能力，定期组织教师参加培训，定期举办课程思政教学能力大赛，以赛促教，以赛促学，营造良好的课程思政教学氛围，从而提高教师的课程思政教学能力。

2. 在健美操教学方法上加强课程思政教育创新

21世纪以来，电脑、手机成为人们生活的必需品。教育教学形态发生了巨大变革，信息化教学手段成为目前的主流。教师要充分运用信息化资源，多维度、多方面备课，从而拓宽学生的知识面。例如，在教学中，教师可以利用多媒体技术组织学生观看有关健美操正能量的电影，从而培养学生正确的价值观；利用QQ、微信等交流工具与学生进行课前课后沟通，分享心得体会等，从而使学生的学习不受时间、地点的限制。

3. 在健美操教学评价上确立课程思政评价标准

教学评价是教学的重要环节，是检查教学效果、评价学生成绩的重要手段。健美操教师在制定课程标准时应当更新教学理念，注重对学生综合能力的培养。

第七章 高校现代健美操教学的创新与优化策略

在课程思政视域下,应改变当前只重视健美操动作技术学习成绩、忽视过程性评价和发展性评价的状况,要建立多元化评价体系。既要评价学生对健美操理论知识、动作技能的掌握情况,又要评价学生在学习过程中的表现,将课堂参与度、积极性、比赛情况等纳入过程性考核,同时要注重对学生的团队意识、道德礼仪、意志品质、规则意识、审美意识的考察。将高校健美操教学评价体系与大学生的身心素质有效结合,注重对学生综合素质的评价,从而将课程思政教育理念落实到位。

4. 在健美操教学环境上营造课程思政教育氛围

教学环境的创设,对于大学生价值观的引领至关重要,好的教学环境对学生正确人生观、价值观的培养能产生积极影响。在健美操教学环境上营造课程思政教育氛围,可以从以下两方面入手。

①健美操音乐环境的营造。在教学中,教师可以选择节奏感强、韵律优美的中国风音乐,比如《中国范儿》《龙的传人》《大中国》等,从而使学生在练习动作的过程中,激发爱国热情,提高学习兴趣。

②健美操知识宣传栏的建设。校园文化对学生的感染熏陶也是至关重要的,可以充分利用学校的宣传栏、宣传墙等宣传健美操运动的文化内涵,从而对大学生的思想观念、价值追求起到潜移默化的熏陶作用。

(四)精选健美操教学内容

健美操的教学内容需要紧跟时代发展的步伐,使身体锻炼具有健美的效果。所以在高校健美操教学中,教师不但要精选健美操的教学内容,而且要在健美操教学中增加实用性及娱乐性的内容,这样才能提升学生学习的积极性。除此之外,增加关于健美操的历史知识,可以使学生对健美操的文化韵味、动作技巧有更加深入的理解。在选择健美操教学内容时,还需要增加能够提升高校学生综合素质的内容,比如健康常识以及急救方面的内容,可以提高学生在健美操训练中的自我保护意识,并且使高校的健美操教学内容越来越完善。教师应根据学生健美操水平的高低来选择合适的教学内容,从而有效提升高校健美操教学的效率。

(五)科学设置健美操课程

为了满足目前教育发展的需求,高校健美操课程的设置也需要更加多元化以及个性化。因为健美操课程和其他体育课程有一定的差异性,在进行课程设置的

时候，教师要考虑目前学生的实际发展情况，需要保证学生的全面发展。教师还需要将健美操课程与目前的时尚元素进行结合，把舞蹈与音乐融为一体，开设比较新颖的健美操课程来满足目前学生个性化发展的需求。教师还要对健美操课程进行专题化设置，学生也可以根据自己的兴趣爱好选择专题课程，从而使学生在专题课程中实现自我突破，提高身体素质以及树立正确的体育锻炼观。

（六）健美操课程与形体训练一体化运用

1. 提升意识

在高校健美操课程中，形体训练内容是必不可少的。教师在最初阶段宣传健美操课程的意义时，要加强对学生的影响，强调形体训练的积极作用，使学生在心理上对健美操课程与形体训练一体化产生兴趣，便于后期收到积极效果。

高校健美操教师在课堂上的动作会对学生产生影响，教师的行为举止和动作神情对学生的引导至关重要。无论是知识理论的学习还是具体实践，健美操教师都需要以身作则，展现出优雅的气质，从而使学生在潜移默化中受到良好的影响，加强对学生的形体训练。

2. 因材施教

基于学生个体间的差异，在形体训练阶段，每个学生的表现并不相同。健美操教师在组织学生进行训练时，要注重对学生的差异性把握，因材施教，选择适用于不同学生的训练内容，结合课堂中学生在柔韧性以及力量控制等方面呈现的状态，制订合理的教学计划。

在教学中表现良好的学生，说明他们具备不错的接受能力，教师在安排课程时，就要更加深化一些，以实践为主。对于没有健美操基础和不太熟悉形体训练的学生，要从开始阶段就让他们树立正确的理念，不断强化基本步法或者身体姿态的训练，使学生打好基础。

例如，在健美操柔韧性训练中，针对已经掌握多项基本技能的学生，教师需要提升其伸展能力和灵活性，使学生在具备一定柔韧性的基础上，不断增强肌肉力量。

3. 以兴趣为本

学生只有保持对健美操课程的兴趣，才会愿意积极参与其中，从而使健美操课程与形体训练一体化得到实践。在课堂教学过程中，健美操教师可以采取分组

第七章　高校现代健美操教学的创新与优化策略

的方式对学生进行引导，并通过游戏的融入吸引学生的兴趣，以兴趣为切入点，使学生重视形体塑造和气质提升。

形体训练包括力量训练、柔韧性训练等多项训练内容，在实践中会存在相对复杂的动作或者幅度较大的动作。多数学生在接触健美操课程之前，并没有进行过相关的训练，因此在健美操课程开展初期，教师要在保证学生安全的基础上，运用多样化的方法，让学生选择自己感兴趣的动作，在不断规范动作要领的前提下，使学生积极训练并提升安全意识。

4. 利用现代化设备

现代化的设备能够给高校健美操课程的开展带来很大帮助。健美操教师可以通过多媒体教学的方式，在网络中寻找合适的教学内容，利用投影仪等设备进行讲解。

例如，在力量训练中，健美操的艺术性从健康、力量和审美三方面进行展现。健美操教师在利用现代化设备时，可以有针对性地选择课程素材，在保证教学质量的前提下，让整个课程丰富多彩，既能满足学生协调性的训练，又能体现审美的特征，从而在实践中提高学生的身体素质。

二、教师层面

（一）创新教学方法

如今，我国高校学生基本上形成了相对独立的思维模式及认知体系，能够根据自身的兴趣爱好及发展需求对教师所传授的教学内容有选择性地接受、记忆与理解，并最终纳入自身的知识体系。教学方法也是影响教学效果的一大重要因素，因此，在对高校健美操教学进行创新发展的过程中，有必要对教学方法进行改革与创新。健美操教师应改变以往传统的"填鸭式"教学法，充分重视学生的主体性，通过适当的方式引导学生进行学习，积极构建平等和谐的新型师生关系，增进与学生之间的交流及互动，通过双向交流的方式激发学生的学习兴趣。具体而言，健美操教师可以通过引入讨论式教学法、启发式教学法、小组讨论法等，与学生进行平等互动及交流，从而逐步实现对学生创新意识及开拓精神的培养，充分调动学生参加健美操学习的积极性及自觉性，以进一步提升健美操教学效果。

（二）提高核心素养

教师是课程最直接的设计者和实施者，从一定程度上讲，教师自身的核心素养对学生起到很大的影响。对教师而言，首先，教师应具备良好的思想品德，不断提高自身的专业能力，形成自我的知识体系框架，不断丰富知识储备；其次，教师要打破传统的教学模式，以学生发展为中心，紧跟时代的步伐，了解流行元素，根据教学环境、学生兴趣需求等不断创新教学内容与方法，以此来吸引和感染学生；最后，教师应多参加教学培训、赛事组织，带领学生参加比赛，从而提高自己的工作和教学能力，增加学生的比赛经验，通过健美操运动为学校增添光彩，使健美操课程成为学校的品牌课程。只有充分提高教师的核心素养，才能最大限度地促进学生专业知识与技能的提升，适应体育教学改革要求，从而更好地促进健美操运动的发展。

（三）采用多样化的评价方式

任何教学都需要教师对学生的表现进行反馈以及评价，这对高校健美操教学来说非常重要。目前，很多教师在对学生进行评价的时候采取的评价方式比较单一，多采用总结性评价，这样的评价方式在本质上是不全面的。教师应该对学生在学习健美操时的情况进行追踪，根据学生的实际情况进行综合性的判定，采用多样化的评价方式，并且要对学习情况比较差的学生予以一定的鼓励。另外，对健美操动作有所创新的学生教师要特别予以表扬和奖励，因为创新是一种对学习的升华，是每一个学生都应该有的品质。如果每一个学生都能对健美操动作进行创新，那么整个课堂的氛围会变得非常活跃，学生的学习动力会更足，这样可以有效提升高校健美操教学的效率。

三、学生层面

《中国教育现代化 2035》提出要培养学生的创新能力，明确学生发展核心素养的要求，丰富并创新课程形式。核心素养关注的是学生自主发展，在教学过程中，教师应积极引导学生自主创新和多样化发展，增强学生的自信心，除教授学生基本动作套路外，还要培养学生自主创编动作与制作健美操音乐的能力；教师应给予学生足够的自由发挥空间，以情境化教学的模式让学生互换角色，提高

第七章　高校现代健美操教学的创新与优化策略

学生的课堂教学组织能力，并及时进行评价和纠正；教师应按照立德树人的根本任务、全面发展的要求，提倡健美操教学与其他学科相互融合，更好地发挥其独特的育人功能，教会学生如何剪辑和运用音乐，使学生在舞蹈风格选取、动作创编、音乐选择与制作上有巨大的发挥空间。

参考文献

［1］ 张颖，张雪莹，李晓婵. 高校健美操教练员实训培养探究 [M]. 长春：东北师范大学出版社，2011.

［2］ 黄小红，刘正杰，董丽波. 高校健美操运动的发展与创新 [M]. 长春：吉林大学出版社，2012.

［3］ 张晓莹. 健美操教学文件的制订与范例 [M]. 北京：北京体育大学出版社，2012.

［4］ 赵晨子. 高校健美操训练的理论与实践 [M]. 北京：北京理工大学出版社，2017.

［5］ 苏斌，张欣. 高校体育中的健美操教学研究 [M]. 长春：东北师范大学出版社，2018.

［6］ 王云峰，王学成. 教学改革视角下体育运动开展的理论与实践指导 [M]. 北京：中国商务出版社，2018.

［7］ 史悦红，纳冬侠，郭潞霞. 健美操运动学练与科学塑形方法指导 [M]. 北京：中国商务出版社，2018.

［8］ 陶李军，李海. 现代健美操运动技能分析与教学研究 [M]. 北京：中国纺织出版社，2018.

［9］ 王海燕. 健美体操训练与编排研究 [M]. 延吉：延边大学出版社，2018.

［10］ 徐益雄. 全民健身背景下我国健身健美运动的推广与实用指导 [M]. 北京：中国书籍出版社，2020.

［11］ 王静. 高校健美操教育的理论与实践创新 [M]. 长春：吉林科学技术出版社，2019.

［12］ 符雪姣. 健美操和体育舞蹈的审美价值与健身价值研究 [M]. 长春：东北师范大学出版社，2019.

[13] 王旭瑞. 健美操运动训练及创编教学探索 [M]. 西安：西北工业大学出版社，2020.

[14] 周春娟. 新时代健美操人才的培养与发展研究 [M]. 北京：中国原子能出版社，2021.

[15] 傅金芬. 健美操的美学特征与编排艺术 [M]. 北京：九州出版社，2020.

[16] 李鹤. 全民健身视角下高校健美操教学优化策略探讨 [J]. 当代体育科技，2020，10（14）：84-85.

[17] 刁中环. 普通高校健美操教学现状与改革对策 [J]. 农家参谋，2020（11）：212.

[18] 胡红艳. "互联网+"背景下高校健美操网络教学模式 [J]. 拳击与格斗，2020（5）：84-85.

[19] 李慧敏. 高校健美操课堂教学与课外训练一体化模式研究 [J]. 现代职业教育，2020（18）：180-181.

[20] 王佩珍. 信息化手段在高校健美操教学设计中的应用研究 [J]. 体育科技文献通报，2020，28（5）：59.

[21] 王静. 我国高校健美操教学内容及方法改革策略研究 [J]. 文体用品与科技，2020（7）：100-101.

[22] 杜啸. 基于俱乐部教学模式的高校健美操教学改革研究 [J]. 科幻画报，2020（3）：148.

[23] 刘泽泽. 分析开放式教学模式在高校健美操教学中的应用 [J]. 东西南北，2020（6）：114.

[24] 冯婷. 高校健美操教学融入排舞元素的可行性分析 [J]. 当代体育科技，2020，10（7）：176-177.

[25] 黄廉. 基于多元智能理论的高校健美操教学与运动技能掌握的关系研究 [J]. 体育风尚，2020（3）：273.